Smile Keepers

Nada Ignjatović-Savić

Smile Keepers
HÜTER DES LÄCHELNS

Programm zur Förderung
der Selbsterkenntnis und Fremdwahrnehmung

Lernwerkstätten für Kinder im Alter von 5 bis 10 Jahren

Neuauflage 2020
Erschienen im Synergia Verlag,
Basel, Zürich, Roßdorf
eine Marke der Sentovision GmbH
www.synergia-verlag.ch

Übersetzung: Gordana Letić-Glišic, Petra Reuter

Umschlaggestaltung, Gestaltung und Satz: FontFront.com, Roßdorf

Printed in EU
ISBN-13: 978-3-944615-06-6

Vertrieb durch Synergia Auslieferung
www.synergia-auslieferung.de

Bibliografische Information der Deutschen Bibliothek
Die Deutsche Bibliothek verzeichnet diese Publikation in der deutschen Nationalbibliografie; detaillierte bibliografische Daten sind im Internet unter http://dnb.ddb.de abrufbar.

Inhalt

Lernwerkstatt

Nada Ignjatović-Savić arbeitete 31 Jahre als Lehrbeauftragte und Forscherin auf dem Gebiet der Entwicklungspsychologie an der Universität Belgrad. Sie war Leiterin vieler Forschungs- und Förderprojekte, veröffentlichte Bücher und Programme auf dem Gebiet der persönlichen Entwicklung, Kommunikation, sozialer Interaktion und Bildung.

Sie war Mitgründerin und jahrelang Leiterin des Zentrums für Gewaltfreie Kommunikation „Smile Keepers", einer nichtstaatlichen Organisation, die sich in erster Linie mit der Entwicklung des Menschen, des Selbst- und Gruppenbewusstseins, der Entwicklung der Bildungspraxis und den Veränderungen in der Gesellschaft beschäftigt.

Die **Handbücher „Smile Keepers 1 + 2"** „Hüter des Lächelns 1 + 2" richten sich an Erwachsene, die zusammen mit den Kindern die Freude und Schönheit an der Entdeckung des Geheimnisses, wie wir alle andersartig gleich sind, erleben sollen.
„Smile Keepers", „Hüter des Lächelns" heißt nicht ständig zu lächeln, begrüßt aber jedes Gefühl, das als Wegweiser auf dem Weg zu sich und den anderen steht.

Ziel des Programms ist es den Kindern durch Interaktion in einem spielerischen Kontext zu helfen, optimale Strategien zu Bewältigung von unangenehmen seelischen Zuständen zu entwickeln, ihre Äußerungs- und Kommunikationsfähigkeit zu fördern, ihr Selbstvertrauen und das Vertrauen zu anderen zu stärken und sich und andere besser kennen zu lernen.

Der besondere Wert des Programms liegt in der Originalität der Aktivitäten im Rahmen der Lernwerkstatt kombiniert mit dem individuellen symbolischen Ausdruck (Zeichnung der inneren Erfahrungen) und dem anschließenden Austausch im Kreis, der den Kindern ermöglicht, ihre inneren Erfahrungen in Worte zu fassen und sich ihrer bewusst zu werden. Der Erwachsene fühlt mit den Kindern mit, er fällt kein Urteil und erteilt keine Befehle.

Vorwort zur ersten deutschen Auflage (2015)

„Es gibt Flüsse in jedem von uns,
die sich hier unter derselben Brücke treffen.
Deshalb sind unser Glück und unsere Traurigkeit
So andersartig gleich.
(aus: Miroslav Antić: So stelle ich mir den Himmel vor)

Dieses Buch richtet sich an alle Erwachsenen, die zusammen mit den Kindern die Freude und Schönheit an der Entdeckung des Geheimnisses der andersartigen Gleichheit erleben wollen. Die Entwicklung dieses Programms „Smile Keepers" dauerte eine lange Zeit, es dann zu schreiben nur wenige Tage. Jahrelang stapelten sich bei mir die Teile dieser Komposition „Smile Keepers". Es waren übernommene Erfahrungen anderer und eigene Versuche, die theoretische These der formativen Rolle der sozialen Interaktion in der psychischen Entwicklung des Kindes in einer Reihe von konkreten, praktischen Aktivitäten des entwicklungsfördernden Austausches zwischen Erwachsenen und Kindern umzusetzen.
Das dringende und starke Bedürfnis die Entwicklung der Kinder, die durch den Krieg im ehemaligen Jugoslawien gefährdet waren, zu schützen, führte dazu alle gesammelten Erfahrungen in Form dieses Buches, das vor Ihnen liegt, herauszuarbeiten."

So begann Nada Ignjatović-Savić die Einleitung zur ersten Auflage von „Smile Keepers 1" im Jahre 1993.
Sie bedankte sich im Vorwort bei allen Fachmitarbeitern und Mitarbeiterinnen und den Erziehern in Vorschulen mehrerer serbischen Städten, die durch ihre Vorschläge, Ratschläge und Einwände die Form dieses Buches stark beeinflussten.
Besonderen Dank sprach sie ihrem Rezensenten Prof. Dr. Ivan Ivić aus, der in ihr die Suche zu einem besseren Verständnis der geistigen Entwicklung von Kindern weckte und dessen Beurteilung des hier vorliegenden Buchtextes sie ermutigt hatte den langen Weg bis zur ersten Veröffentlichung durchzuhalten.

Über 30 Jahre war sie als Universitätsdozentin am psychologischen Institut der Universität Belgrad in Forschung und Lehre tätig. Als Mitgründerin und

Direktorin des Zentrums für Gewaltfreie Kommunikation „Smile Keepers", war es ihr erklärtes Ziel, Menschen für selbstbewusstes Handeln zu sensibilisieren – sowohl sich selbst als auch anderen gegenüber.

Ihr war besonders wichtig folgende Fähigkeiten von Kindern durch spielerische Beziehungsarbeit zu aktivieren und zu stärken:

- emotionale Stabilität
- Befindlichkeiten und Konflikte in den Griff bekommen
- Kommunikationskompetenz
- Selbsterkenntnis
- Empathie
- Vertrauen in sich und andere

Von 1993 bis 1995 wurde „Smile Keepers" im Rahmen des **UNICEF Projekts „Programme zum Schutz und Entwicklungsförderung von Kindern im vom Krieg veränderten sozialen Kontexten"** finanziell gefördert und unterstützt und zunächst in Montenegro und in Serbien in sechs Städten in Vor- und Grundschulen eingesetzt.

1995 wurde „Smile Keepers1" für Kinder von 5 bis 10 Jahren schon in 44 Städten mit über 16000 Kindern praktiziert und außer in Grundschulen auch in Kinderheimen eingesetzt. Die Kinder gehen vertrauensvoller und kooperativer miteinander um. Die Erzieher und Lehrer heben hervor, dass ihnen diese Lernwerkstätten ermöglicht haben, die Kinder besser kennen zu lernen.

2001 wurde „Smile Keepers1 + 2" (für Kinder von 5 bis 10 Jahren und für Kinder und Jugendliche von 11 bis 15 Jahren) Bestandteil des Wahlfaches „Bürgerliche Erziehung" und vom Bildungsministerium Serbiens 2002 als Weiterbildungsprogramm im Weiterbildungskatalog als akkreditiertes Fortbildungsprogramm empfohlen. Das Programm wurde von einem **UNESCO- und UNICEF Team** mit internationalen Experten anhand externer Evaluation seines Inhalts, der Methoden und der Effekte positiv beurteilt.

2003/2004 bereitete Nada Ignjatović-Savić in Zusammenarbeit mit einem Team des Bildungsprogramms des nationalen Fernsehens eine Fernsehserie von „Smile Keepers" vor. Diese Sendung wurde gerade von Kindern gut angenommen und lief wiederholt im nationalen Schulfernsehen.

Bis 2007 hatten in Serbien schon über 100 000 Kinder und Jugendliche an den Lernwerkstätten teilgenommen und seit 1995 stieg die Anzahl der fortgebildeten Lehrer und Erzieher jährlich um ca. 1200.

2006 bildete Nada Ignjatović-Savić in Zusammenarbeit mit dem Methodischen Zentrum für Psychopädagogische Hilfe beim polnischen Bildungsministeriums ein Multiplikatorenteam aus. Dieses Team bildete Lehrkräfte aus, die das Programm „Smile Keepers" in Polen durchführen. Das Programm wurde ins Polnische übersetzt.

2006 zeigten Lehrer aus Deutschland, Österreich, der Schweiz, Belgien, Frankreich und Luxemburg Interesse an der Anwendung dieses Programms in ihrem Umfeld und in Österreich und Belgien fanden bis 2011 mehrere Fortbildungskurse für Interessierte statt.

2007 wurden „Smile Keepers 1" und „Smile Keepers 2"in englischer Sprache herausgegeben.

2013 wurde „Smile Keepers" ins Koreanische übersetzt.

In den Lernwerkstätten „Smile Keepers" „Hüter des Lächelns" zur Förderung der Selbsterkenntnis und Fremdwahrnehmung geht es nicht um ein oberflächliches „Keep Smiling", sondern darum, jedes Gefühl als wertvolles Geschenk wahrzunehmen und wichtige Erkenntnisse auf dem Weg über sich selbst und andere kennenzulernen.
Ursprünglich war geplant, dass dieses Handbuch mit Anleitungen kein praxisorientiertes Lernen ersetzt, sondern begleitet. *„Deshalb hatte die Autorin Zweifel vor der Veröffentlichung dieses Buches: einerseits wird das Programm mit seinen positiven Effekten vielen Benutzern zugänglich gemacht, andererseits wird die eigene Erfahrung als Teilnehmer der Lernwerkstätten ausbleiben. Wird der Moderator trotzdem die Schönheit des gegenseitigen Kennenlernens auf die Kinder übertragen können, ohne vorher selbst die Erfahrung gemacht zu haben? Die Hoffnung diese Frage bejahen zu können, hat die Zweifel in den Hintergrund gerückt. Das beste Erfolgsmaß des Programms und der Moderatoren ist die Reaktion der Kinder.*

- *Wenn sie jede neue Lernwerkstatt mit Neugierde und Freude erwarten,*

- *wenn ihre Zeichnungen und Aussagen ihre Persönlichkeit widerspiegeln,*
- *wenn sie sich gegenseitig aufmerksam zuhören und hingebungsvoll sich und die anderen erforschen,*
- *dann weißt du um die Anwesenheit der „Smile Keepers".*
  (entnommen aus dem Vorwort zur ersten Auflage 1993)

Nada Ignjatović-Savić starb am 19. Juli 2011 in Belgrad. Sie lebt durch ihren Einsatz für eine gewaltfreie Kommunikation Tag für Tag in den Herzen zahlreicher Kinder und Erwachsener fort.

Petra Reuter

Theoretischer Standpunkt

Den theoretischen Grundsatz dieses Programms bildet eine Kombination aus interaktionistischem und konstruktivistischem Verständnis der Entwicklung des Menschen, der auf Lev Vygotskis Entwicklungstheorie und M.B. Rosenbergs Modell der Gewaltfreien Kommunikation gründet.

Folgende Thesen sind für dieses Programm ausschlaggebend:

Das Kind erfährt die Welt und sich selbst in dieser Welt durch den Erwachsenen als Vermittler. (proximale Entwicklung n. Lev Vygotski)

Optimal ist es, wenn der Erwachsene:

- das Umfeld und den Austausch so organisiert, dass das Kind beides verstehen und annehmen kann;
- das Kind mit Hilfe angemessener Anregungen (Stimulation) zu einer weiteren Entwicklungsstufe hinführt und vor Erfahrungen, die das Kind überfordern könnten, schützt;
- jeden spontanen Versuch des Kindes seine Umwelt zu erforschen und Erkenntnisse über sich und die Welt zu bekommen ermutigt und sich dabei bemüht positive und angenehme Erfahrungen zu ermöglichen.

Das Kind ist aktiver Teilnehmer der Interaktion

- Das Kind wählt, überarbeitet und behält nur das, was ihm und seinen Bedürfnissen und Möglichkeiten in der aktuellen Entwicklungsphase entspricht;
- Der Weg vom Äußeren zum Inneren, vom Austausch zur Erschaffung einer inneren, privaten, psychologischen Welt enthält unabhängige, individuelle, symbolische Aktivitäten mit denen das Kind auf seine eigene Art und Weise die gesammelten Erfahrungen aus unterschiedlichen Austauschsituationen für sich zusammenstellt.

Ziel des Programms der psychologischen Lernwerkstätten ist, durch den Austausch im spielerischen Kontext den Kindern zur emotionalen Stabilität zu verhelfen, Strategien zur Bewältigung von psychisch unangenehmen Zuständen und Konflikten zu entwickeln, die Fertigkeiten der Selbstbehauptung und der Verständigung zu erweitern, das Selbstvertrauen zu sich und anderen zu stärken und positive Erkenntnisse über sich und andere zu bilden.

Allgemeine Grundsätze

- Es gibt keine fertigen Lösungen, richtige Antworten, die das Kind sich merken muss. Der Erwachsene hat bei der Fragestellung keine im Voraus formulierten Antworten die er vom Kind erwartet. Wichtig ist der Prozess der Entdeckung und Gewinnung von neuen Erkenntnissen und nicht das eigentliche Ergebnis. Die Erkenntnisse werden **spielerisch** erworben.
- **An diesem Prozess nehmen Erwachsene und Kinder gleichberechtigt und aktiv teil.** Das bedeutet nicht, dass das kindliche Wissen dem des Erwachsenen gleichzustellen ist. Die Besonderheit der Beziehung Erwachsener – Kind liegt in der Asymmetrie: der Erwachsene verfügt über viel mehr Wissen über sich, die Welt und Kinder. Um das Kind richtig fördern zu können, muss der Erwachsene mit besonderem Interesse und Einfühlungsvermögen zuhören, offen sein, das Mitgeteilte aufnehmen und respektieren. Ein solches Verhältnis zu Kindern hat am besten der Dichter Duško Radović und sich mit **„Sehr geehrte Kinder"** an sie gewandt.
- Die vom Erwachsenen organisierten Aktivitäten sollten die Kinder dazu anregen **sich auch untereinander auszutauschen und nicht nur mit den Erwachsenen zu interagieren.**
- Der Erwachsene **steuert auf die nächste Entwicklungszone hin (Zone der proximalen Entwicklung des Kindes,** übt aber keinen Druck aus, bleibt flexibel zwischen der symmetrischen und asymmetrischen Position, zwischen Unterstützung und Stimulanz.
- Er pflegt eine **positive** Haltung, kommentiert und hebt das Positive und Einzigartige in jedem konkret hervor („Es hat mir gefallen, dass du das so und so gemacht hast.") ohne allgemeine Beurteilungen („Du bist gut.")
- Er bemüht sich um eine **Atmosphäre des Vertrauens und Annehmens, ohne Urteil und Kritik.**
- Er ist sensibel für die Feinfühligkeit der Kinder: die Kinder fühlen sich sicherer in einer Umgebung, die **auf ihre Gefühle Rücksicht nimmt,** in der sie frei ihre Gemütsbewegungen ausdrücken können.
- Der Erwachsene respektiert negative Gefühle; gibt ihnen Zeit sich zu offenbaren (Angst, Wut, Blockade...) ; er unterbricht sie nicht mit

Fragen, unterdrückt sie nicht. („Nicht weinen, das ist doch gar nicht so schlimm.") Er hilft dem Kind die Gefühle zu differenzieren, was sie fühlen und warum: „Bist du traurig, weil du Gesellschaft brauchst, oder wütend, weil du selbst entscheiden möchtest, was du jetzt machst?" Er unterstützt und ermutigt das Kind seine Energie konstruktiv zu benutzen, ohne sich oder andere zu verletzen.

- Er zeigt wie sehr er es schätzt und wie stolz er ist, wenn das Kind Schwierigkeiten bewältigt und bringt ihm bei, seine Leistungen zu genießen, **Stolz zu empfinden und auszudrücken und mit sich selbst zufrieden zu sein.**
- Er ist sich in jedem Moment dessen bewusst, dass er **mit seinem Verhalten das Verhalten der Kinder modelliert.** Die Kinder ahmen nach und formen ihr Verhalten, indem sie es vom Erwachsenen abschauen.
- **Er pflegt Toleranz, Verständnis und Mitarbeit;** das bedeutet, dass er sich auch selbst zu allen sanft und ruhig, ohne Aggressionen verhält.
- Er fördert die **Einzigartigkeit** und hebt hervor, dass uns Unterschiede gegenseitig bereichern. Die wichtigste Aufgabe in der Erziehung ist den Kindern zu einem positiven Eigenbild zu verhelfen, die Kinder sollen an Selbstsicherheit gewinnen und fühlen, dass sie durch Geben und Nehmen ihre Persönlichkeit bereichern.

Den Grundstock des Programms bildet die symbolische Darstellung (Zeichnung, Pantomime, symbolische Spiele, Rollenspiele) und der Austausch zu diesen Darstellungen, weil sie den Kindern die Möglichkeit geben zu vergleichen und ihrer inneren Erlebnisse bewusst zu werden. Entspannungsübungen und Bewegungsspiele helfen den Kindern sich zu entspannen und tragen zu einer guten Stimmung in der Gruppe bei.

1. Lernwerkstatt

Das erste Treffen von Schülern, deren Eltern und Ihnen als Moderator (ggf. auch dem Assistenten)

Übersicht

1. Vorstellung der Grundprinzipien der Lernwerkstätten
2. Die Eltern sagen ihren Namen und etwas, was sie an sich mögen.
3. Die Kinder sagen ihren Namen und etwas, was sie an sich mögen.
4. Woran aus ihrer eigenen Schulzeit können sich die Eltern erinnern? Was war angenehm, was war unangenehm?
5. Was finden die Kinder an ihrer Schule angenehm und/oder unangenehm?
6. Die Kinder machen Vorschläge, was getan werden könnte, damit ihre Schule (Vorschule) für sie ein angenehmer Ort wird.
7. Vorstellung und Auslegung des Programms „Smile Keeper“
8. Fragen und Antworten zum Programm
9. Ein Dehnungsspiel

Dieses Szenario ist nur ein Vorschlag. Sie können den Ablauf selbst entwerfen. Wichtig ist nur, dass Sie den Eltern und den Kindern einen Einblick in die Inhalte und Methoden des Programms ermöglichen.

1. **Vorstellung der Grundprinzipien der Lernwerkstätten**
   Sie bitten die Eltern und Kinder sich in zwei Halbkreise gegenüber zu setzen. Nachdem Sie alle begrüßt haben, stellen Sie ihnen kurz die grundsätzlichen Eigenschaften der Lernwerkstätten vor:

   - Lernen als ein angenehmes, spielerisches Gewinnen von Erkenntnissen im Miteinander zu erfahren
   - und durch den Austausch im Kreis Erkenntnisse von sich und anderen zu gewinnen.

2. **Die Eltern sagen ihren Namen und etwas, was sie an sich mögen.** Sie bitten die Eltern sich vorzustellen und eine Eigenschaft zu nennen, die sie an sich mögen. Falls einige Eltern zögern, ermutigen Sie sie, indem Sie hervorheben, wie wichtig es ist, sich seiner guten Seiten bewusst und zu sein und dass man freimütig darüber reden sollte.
   Anschließend tauschen sich die Eltern untereinander aus.

3. **Die Kinder sagen ihren Namen und etwas, was sie an sich mögen** Die Kinder stellen sich vor, sagen ihren Namen und eine Eigenschaft, die sie an sich mögen.
   Anschließend tauschen sich die Kinder untereinander aus.

4. **Die Eltern erzählen aus der eigenen Schulzeit**
   Sie bitten die Eltern sich an irgend etwas aus ihren ersten Schultagen zu erinnern. Was haben sie als angenehm, was als unangenehm empfunden?
   Anschließend tauschen sich die Eltern untereinander aus.

5. **Die Kinder beurteilen ihre Schule**
   Danach fragen Sie die Kinder nach ihren Erfahrungen über ihre Schule (Vorschule). Was empfinden die Kinder als angenehm, was als unangenehm?
   Anschließend tauschen sich die Kinder untereinander aus.

6. **Die Kinder machen Änderungsvorschläge**
   Sie bitten die Kinder Vorschläge zu machen, was an ihrer Schule (Vorschule) anders gemacht werden könnte, damit sie sich wohler fühlen? Sprechen darf wer möchte.

7. **„Smile Keepers“**
   Sie legen das Programm „Smile Keepers“ aus und stellen es vor.

8. **Fragen und Antworten**
   Sie geben den Eltern und Kindern die Möglichkeit Fragen zum Programm zu stellen.

9. **Dehnungsspiel**
   Alle Teilnehmer (Eltern und Kinder) verteilen sich im Raum so, dass sie genügend Platz haben, ihre Arme auf und ab zu bewegen. Sie fordern dann alle auf, ihre Zehen mit den Fingerspitzen zu berühren (Falls sie das nicht schaffen, sollen sie ihre Beine so weit unten wie möglich anfassen). Dann zählen Sie langsam von 1 bis 10 und bitten alle die Arme langsam anzuheben und sich bei jeder Zahl die Position der Arme zu merken, bis sie bei der Zahl 10 alle ihre Arme über den Kopf strecken.
   Dann beginnt das Spiel. Sie nennen eine zufällig ausgewählte Zahl von 1 bis 10 und die Teilnehmer bewegen ihre Hände in die zu der Zahl gemerkten Position.

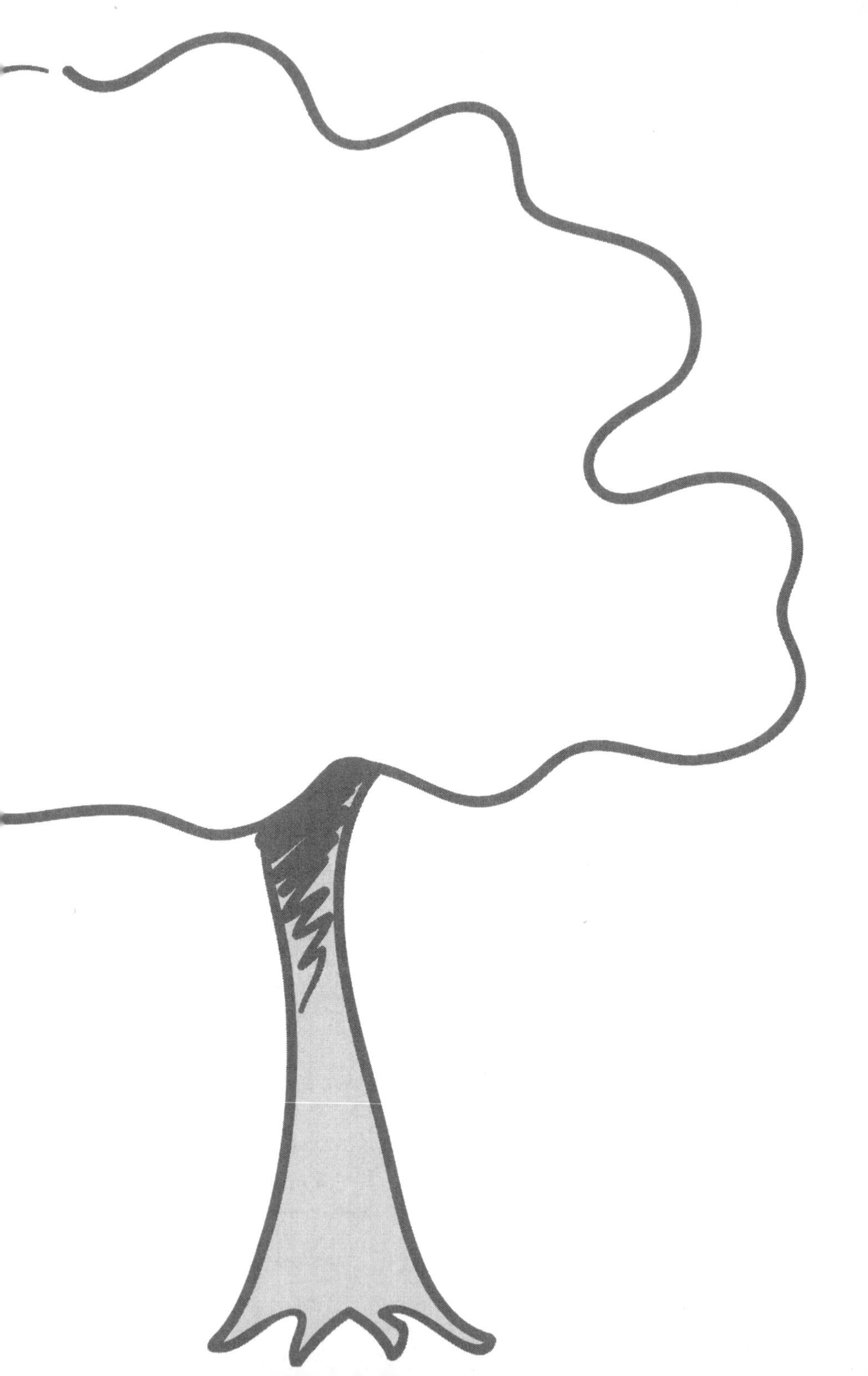

2. Lernwerkstatt

Selbsterfahrung (1)

Übersicht

1. Namenskreis
2. Gefällt der eigene Name?
3. Wie wäre der Wunschname?
4. Was macht den Kindern Spaß?
5. Zeichnen eines Selbstporträts mit anschließendem Austausch untereinander.
6. Lernsymbol erstellen

Ziele der Lernwerkstatt:

- Die Schüler erfahren einiges über ihre Eigenschaften und erkennen die Unterschiede untereinander und die Ähnlichkeiten miteinander
- Die Phantasie wird angeregt
- Der Austausch untereinander wird gefördert

Benötigtes Material für jedes Kind

- DIN A4 Blätter
- Bleistifte
- Buntstifte

1. **Namenskreis**
   Jeder von euch im Kreis klatscht der Reihe nach einmal in die Hände und sagt seinen Namen.

2. **Gefällt der Name?**
   Gefällt euch euer Name? Wenn ja, klatscht auf euren Oberschenkel und wenn nicht, dann winkt mit dem Finger ab.

3. **Wie wäre der Wunschname?**
   Wenn ihr euch selbst einen Namen geben könntet, welchen Namen würdet ihr wählen und warum? Die Kinder tauschen sich aus.

4. **Was macht den Kindern Spaß?**
   Sagt woran ihr Spaß habt. Was macht ihr gerne? Die Kinder tauschen sich in der Gruppe aus.

5. **Zeichnen eines Selbstporträts**
   Zeichnet euch selber auf dieses Blatt Papier. Zeichnet euch so, dass jeder erkennen kann, dass ihr es seid.
   Wenn alle mit dem Zeichnen fertig sind, erklären Sie den Kindern was eine Sprechblase in einem Comic ist.
   Und jetzt zeichnet vor euren Mund eine Sprechblase. In die Sprechblase stellt ihr mit einer Farbe dar, wie ihr euch heute fühlt. Wählt die Farbe aus, die euer Gefühl am besten ausdrückt. Hat sich euer Gefühl seit heute Morgen geändert? Wenn ja, dann nehmt für jedes Gefühl eine andere Farbe.
   Anmerkung: Wenn alle Kinder mit ihren Zeichnungen und den Sprechblasen fertig sind, bitten Sie die Kinder, sich ihre Bilder zu zeigen, zu erklären, was sie gezeichnet haben und sich darüber auszutauschen. Loben Sie jedes Kind, aber nicht für die Qualität der Zeichnung, sondern dafür, dass es die Aufgabe erfüllt hat.
   Jetzt zeigt uns jeder sein Selbstporträt und erklärt was ihr gezeichnet hat. Warum habt ihr diese bestimmte Farbe gewählt?
   Man sieht genau, was für dich wichtig ist..... Alle eure Zeichnungen sind verschieden und jede ist auf ihre Art und Weise schön
   (Anmerkung: Die Selbstporträts werden in der Werkstatt Nr. 24 nochmals gebraucht und sollten aufbewahrt werden.)

6. **Lernsymbol erstellen**
Nach jeder Lernwerkstatt erarbeiten wir zusammen ein Zeichen- ein Symbol – für die Lernwerkstatt und hängen es an die Pinnwand (oder auf ein Plakat)So haben wir immer einen Überblick über das, was wir bearbeitet haben.

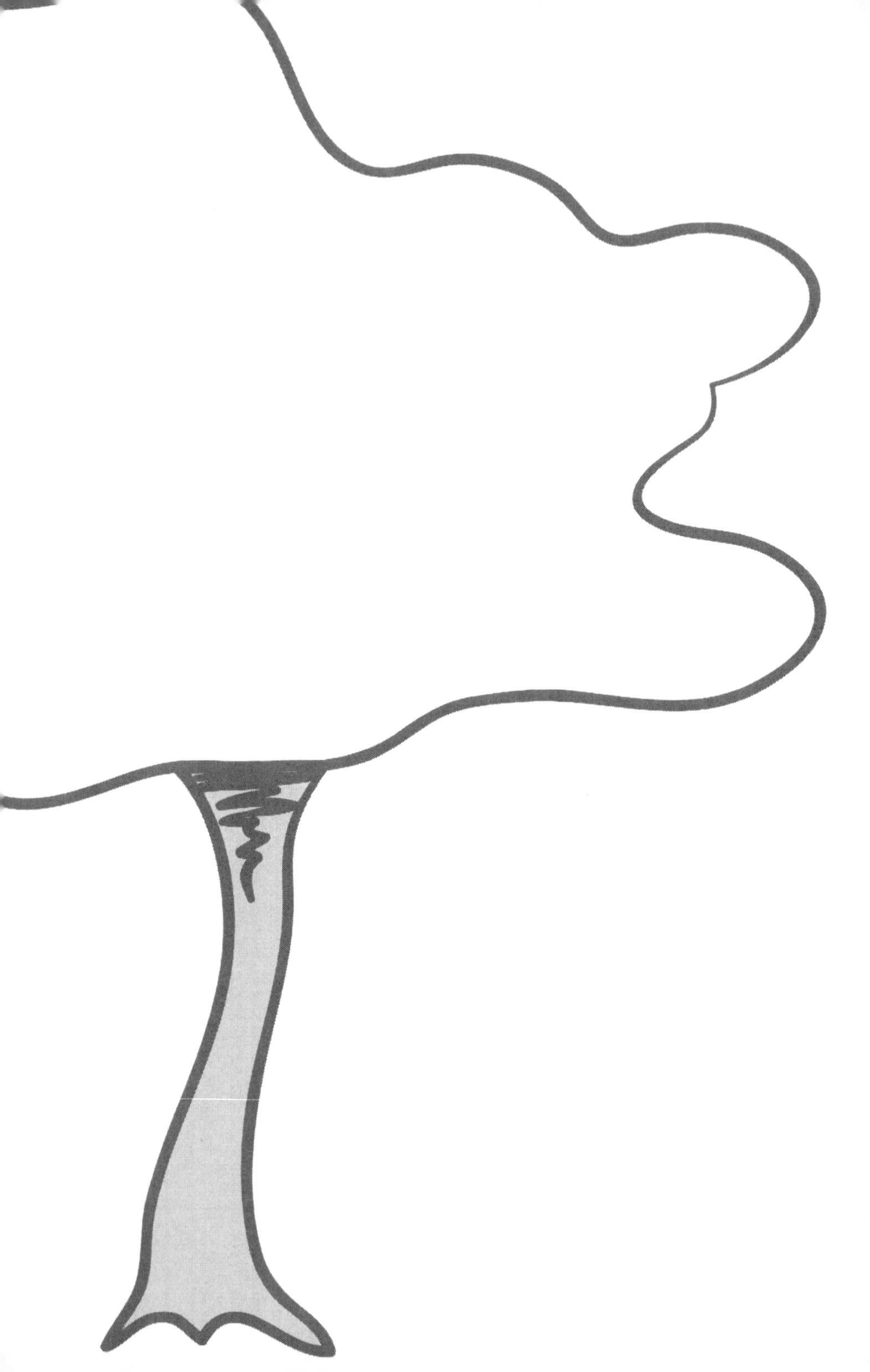

3. Lernwerkstatt

Selbsterfahrung (2)

Übersicht

1. Das Verwandlungsspiel
2. Jeder benennt etwas, was er/sie gut kann
3. Jeder benennt etwas, was er/sie an sich mag
4. Jeder stellt sein eigenes Ansteckschild her
5. Die Ansteckschilder werden in der Gruppe präsentiert
6. Symbol der Lernwerkstatt

Ziele der Lernwerkstatt

- Die Kinder werden sich mehr und mehr ihrer selbst bewusst und erfahren die Unterschiede untereinander und die Ähnlichkeiten miteinander
- Die Phantasie der Kinder wird angeregt
- Der Austausch untereinander wird gefördert

Benötigtes Material für jedes Kind

- Pappe oder anderes Material für die Ansteckschild
- Bleistifte
- Buntstifte, andere Farben, evtl. Buntpapier
- Sicherheitsnadeln, Klebeband oder Stecknadeln

1. **Das Verwandlungsspiel**
Denkt einmal nach. Wenn ihr ein Tier wäret, welches Tier wäret ihr gern? Sie lassen den Kindern eine kurze Denkpause zum Überlegen. Wenn die Kinder sich entschieden haben, fragen Sie nach dem Grund für die Wahl. *Was gefällt dir an diesem Tier? Warum hast du es gewählt?*
Danach teilen die Kinder sich untereinander die Gründe für ihre Wahl mit.
Ich wäre gern ein...., weil ...

2. **Jeder benennt etwas, was er/sie gut kann**
Sie bitten die Kinder zu sagen, was sie gut können. *Womit seid ihr selbst zufrieden? Was könnt ihr gut?* Die Kinder sollen sagen, was sie an sich schätzen. Danach tauschen sie sich im Kreis untereinander aus.

3. **Jeder benennt etwas, was er/sie an sich mag**
Sie bitten die Kinder sich zu überlegen, was ihnen an sich selbst gefällt. *Was gefällt euch an euch?* Nach kurzer Zeit bitten Sie die Kinder im Kreis ihre Gedanken allen mitzuteilen. *Mir gefällt, dass ich.... Ich mag meine .....*

4. **Jeder stellt sein eigenes Ansteckschild her**
Sie legen Materialien aus, damit die Kinder einen eigenen Anstecker oder ein eigenen Wappen herstellen können. Sie ermuntern die Kinder sich ein Zeichen oder Symbol für sich auszudenken, von dem sie glauben, dass es zu ihnen passt und sie dürfen über alles selbst entscheiden, über die Größe, das Material, die Form, die Farbe und alles benutzen, was von Ihnen zur Verfügung gestellt wird. *Macht eure eigenen Anstecker. Er sollte euren Namen zeigen und etwas was euch ausmacht und zu euch passt. Lasst euch Zeit damit und dann steckt sie euch an, so dass jeder sie sehen kann.*
Anmerkung: Bunte Materialien aller Art, wie Stoffe, Perlen, Fäden jeder Farbe, Buntpapier, Pappe, Sicherheitsnadeln, Klebstoffe usw. liegen aus.

5. **Präsentation der Anstecker in der Gruppe.**
Sie bitten die Kinder allen ihre Anstecker zu zeigen. *Nun geht mit eurem Anstecker durch den Raum spazieren. Geht zu jedem Kind und schaut euch auch die Anstecker der anderen an und erklärt, was ihr euch dabei gedacht hat und was es für euch bedeutet und fragt euer Gegenüber, was sie/er sich dabei gedacht hat.*

6. **Symbol Lernwerkstatt**

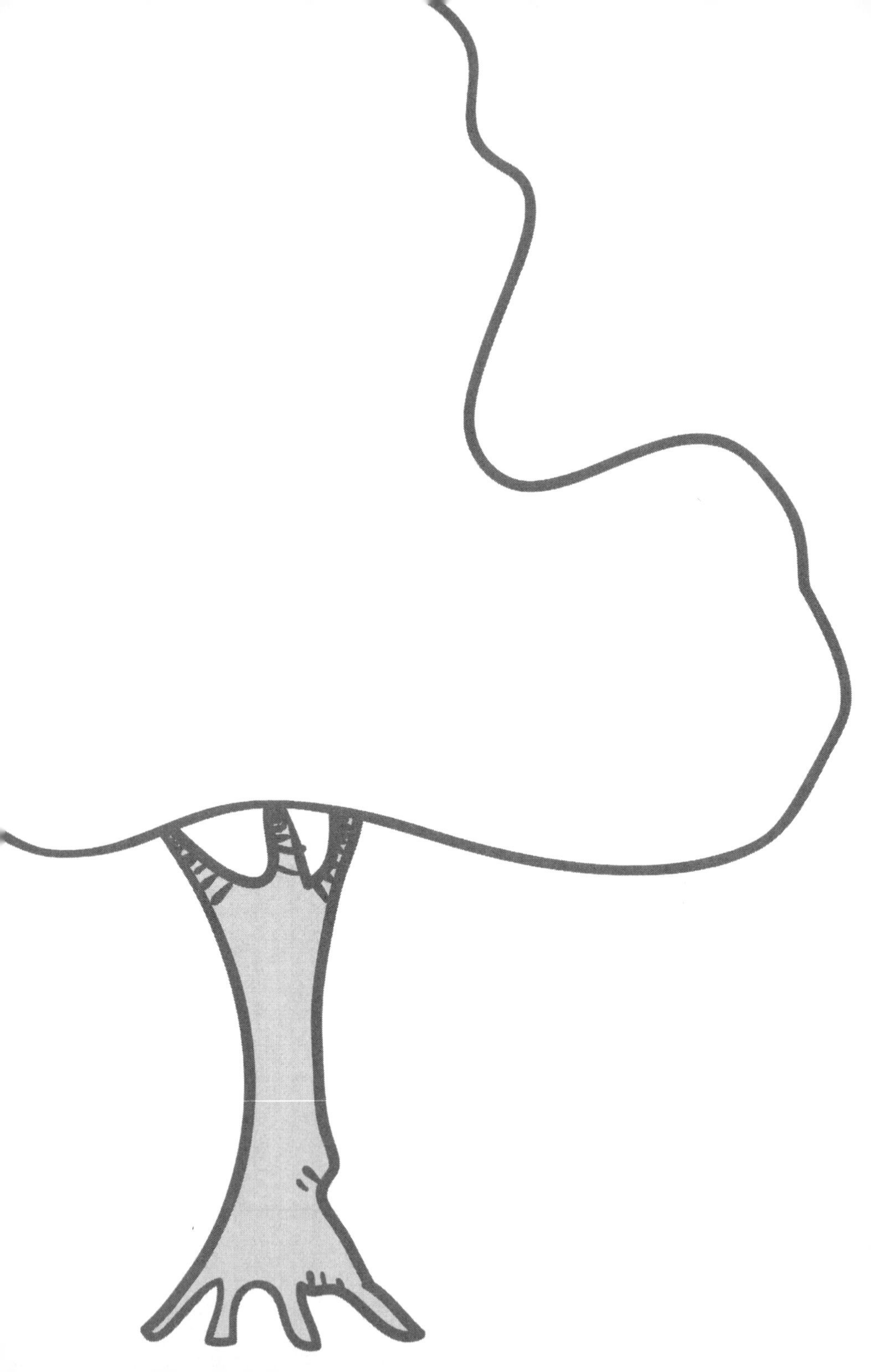

4. Lernwerkstatt

Zeitreise (die persönliche Entwicklung)

Übersicht

1. Namenskreis
2. Die Zeitreise
3. Zeichnen eines eigenen Comics (einer eigenen Bildergeschichte)
4. Figurenstellen (Körperhaltungen einnehmen) von angenehmen Erinnerungen
5. Vertrauensübung (1)
6. Symbol Lernwerkstatt

Ziele der Lernwerkstatt

- Die Kinder werden sich der Besonderheiten und Ähnlichkeiten bewusst
- Sie erkennen, welche Momente in ihrem Leben angenehm und welche unangenehm waren
- Sie aktivieren angenehme Erinnerungen
- Eine positive Einstellung und positive Gefühle zu sich und den anderen werden gefördert

Benötigtes Material für jedes Kind

- Packpapierstreifen, 12 cm breit
- Bleistifte
- Buntstifte
- rote und blaue selbstklebende Punkte

1. **Namenskreis**
   Sie bitten die Kinder ihren Namen im Kreisverlauf abwechselnd laut und leise auszusprechen.

2. **Die Zeitreise**
   Sie erklären den Kindern was sie jetzt vorhaben und dass sie dabei ihre ganze Phantasie brauchen.
   Wir steigen jetzt in eine Zeitmaschine. Das ist eine Maschine, mit der ihr durch die Zeit reisen könnt. Wir machen jetzt gemeinsam eine Phantasiereise und ihr stellt euch alles vor, seht es vor euch und macht innere Fotos davon. Zuerst schließt ihr die Augen. Ihr reist jetzt zurück in eure Vergangenheit. Erinnert ihr euch noch daran, was bei eurem letzten Geburtstag passiert ist? Was habt ihr erlebt? Was war schön, was war nicht so schön? Wann wart ihr besonders fröhlich und wann habt ihr geweint? Fotografiert jetzt einige dieser Bilder. Auf den Fotos können auch Personen sein, die damals bei euch waren.
   (Nach einigen Minuten) *So und jetzt öffnet wieder eure Augen und erinnert euch an eure Fotos.*

3. **Zeichnen einer Bildergeschichte**
   Sie teilen an die Kinder die auf 12 cm geschnittenen Packpapierstreifen und die Stifte aus. Sie erklären den Kindern, dass sie jetzt ihren eigenen Filmstreifen herstellen aus all den fotografierten (erinnerten Bildern) aus der Phantasiereise in ihre eigene Vergangenheit.
   Ihr zeichnet jetzt euren eigenen Zeichentrickfilm auf diesen Streifen. Ein Film besteht aus vielen Bildern und das erste Bild kann das Bild von eurer Geburtstagsfeier sein. Zeichnet auf das Papier, wer alles mit euch zusammen gefeiert hat. Dann macht eine Linie und zeichnet das nächste Foto. Auf dem könnte etwas sein, was euch als nächstes passiert ist. Zum Beispiel als ihr geweint habt. Auf dem nächsten Bild könntet ihr etwas Schönes zeichnen. Malt so viele Bilder auf euren Filmstreifen wie ihr Fotos im Kopf habt.
   Sie lassen den Kindern genügend Zeit zum Zeichnen. Wenn Sie den Eindruck haben, dass alle Kinder fertig sind, verteilen Sie rote und blaue Klebepunkte.
   Nun klebt einen roten Punkt auf die Bilder, auf denen ihr fröhlich und blaue auf die, auf denen ihr traurig wart.

Danach bitten Sie die Kinder sich im Kreis über ihre Bilder auszutauschen und zu erzählen, was auf den Bildern (Fotos) zu sehen ist.

4. **Figurenstellen**
Sie erklären den Kindern, was unter Figurenstellen zu verstehen ist. Jedes Kind soll sich eine Körperhaltung, die Freude ausdrückt, überlegen. Diese Haltung soll dann als Figur gezeigt werden und für alle sichtbar ausdrücken, wie es sich für das Kind anfühlt, wenn es fröhlich und glücklich ist.
Auf mein Zeichen hin (z.B. in die Hände klatschen) *werden alle Kinder von hier bis dorthin (*Sie zeigen auf die entsprechenden Kinder) *aufstehen und eure Körperhaltung der Freude darstellen. Euer Gesicht und eure Körperhaltung soll zeigen, dass ihr fröhlich seid, dass ihr euch freut. Bleibt in dieser Haltung, wie erstarrt und bewegt euch nicht, bis ich wieder in die Hände klatsche. Wir, die anderen, sind die Zuschauer.* (Anmerkung: Die Kinder sollen 10 – 15 Sekunden in dieser Pose verweilen) Dann bitten Sie die Kinder die Rollen zu tauschen und die Zuschauer werden die Akteure.
Anschließend bitten Sie die Kinder sich über ihre Erfahrungen als Akteure und als Zuschauer auszutauschen.

5. **Vertrauensübung**
Sie schlagen den Kindern ein Vertrauensspiel vor. Dafür müssen sich jeweils zwei Kinder zu einem Paar zusammenfinden. Eine Alternative zur freien Paarfindung ist es, wenn die Kinder sich abwechselnd „A“ und „B“ nennen und sich die „A“s mit den „B“s zusammen tun.
So, jetzt schließt einer von euch die Augen und der andere legt seine Hände auf die Schultern seines Partners / nimmt die Hände seines Partners und führt ihn durch den Raum. Das Spiel ist interessanter, wenn keiner von euch spricht. Ihr lasst nur eure Hände sprechen. Bemüht euch, dem Partner den Spaziergang so angenehm wie möglich zu machen, er soll an nichts und an niemanden anstoßen. Nach 3 Minuten werde ich euch bitten die Rollen zu tauschen.
Falls die Kinder fragen, wie sie den anderen ohne Worte führen sollen, erklären Sie ihnen, dass sie sich mit ihrem Partner absprechen können, was rechts und was links bedeutet.

Wenn beide Partner ihren Vertrauensspaziergang absolviert haben, bitten Sie die Kinder zu einem Austausch in der Gruppe. Wie haben sie sich in der einen und wie in der anderen Rolle gefühlt? Alle sitzen im Kreis und berichten was angenehmer war und ob sie Vertrauen zu ihrem sie führenden Partner hatten.

6. **Symbol Lernwerkstatt**

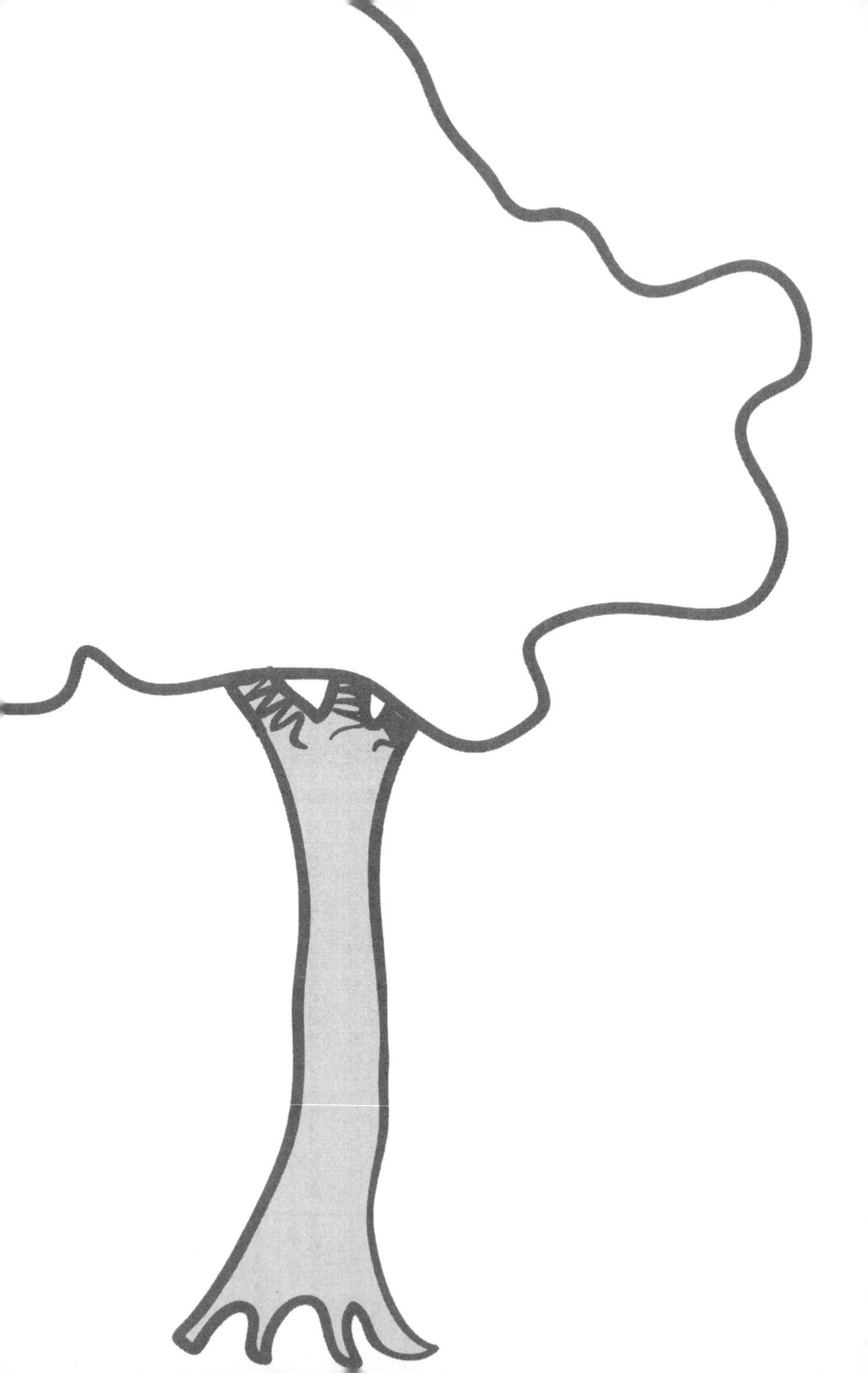

5. Lernwerkstatt

Mein Entspannungsort

Übersicht

1. Laufspiel auf einer Phantasieoberfläche
2. Entspannungsübung und geführte Phantasiereise
3. Zeichnen des eigenen Entspannungsortes
4. Vertrauensübung (2)
5. Symbol Lernwerkstatt

Ziele der Lernwerkstatt

- Die Kinder lernen eine Entspannungstechnik kennen
- Die Vorstellungskraft der Kinder wird angeregt, damit sie sich einen Entspannungsort schaffen können
- Der Austausch und das gegenseitige Vertrauen wird gefördert

Benötigte Materialien für jedes Kind

- DIN A4 Blätter
- Bleistifte
- Bundstifte

1. **Laufspiel auf einer Phantasieoberfläche**
   Lasst uns vorstellen, dass wir durch Wasser waten, über klebrigen Boden gehen, von Stein zu Stein springen, durch hohen Schnee stapfen, durch den Wald schleichen, durch die Wüste wandern, über Pfützen hüpfen, ... (Sie können sich weitere Fortbewegungsarten vorstellen und den Kindern vorschlagen, oder Sie können die Kinder bitten eigene Vorschläge zu machen und die Oberfläche für alle anzusagen.)

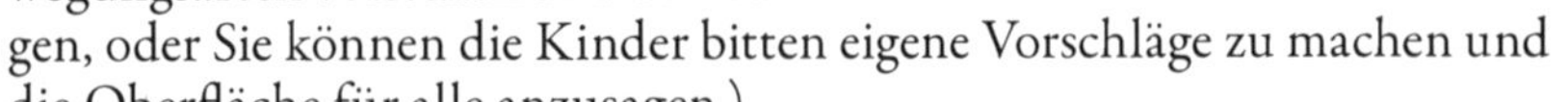

2. **Entspannungsübung und geführte Phantasiereise**
   So jetzt, nachdem wir durch das Gehen und Hüpfen müde geworden sind, wollen wir uns ausruhen. Dafür setzen wir uns auf unseren Stuhl oder legen uns auf den Boden. Wir wollen aber nicht schlafen, sondern einen Phantasiespaziergang machen.
   Vor der Übung erklären Sie den Kindern, dass sie bei der gesamten Übung die Augen geschlossen halten sollen und dass diese Übung der Entwicklung ihrer Vorstellungskraft helfen soll. Wenn ein Kind aber die Augen während der Übung öffnen will, erklären Sie ihm, dass das nicht so schlimm sei. Es solle entweder die Augen wieder schließen, oder ruhig sitzen oder liegen bleiben.
   Es ist wichtig, dass Sie während der geführten Phantasiereise **langsam und mit vielen Pausen** sprechen, um es den Kindern zu ermöglichen, das Gehörte zu „erleben“.
   Diese Übung besteht aus zwei Abschnitte, a) der Entspannung und b) der geführten Phantasiereise.

   a. *Alle legen sich bequem auf den Boden oder setzen sich bequem auf den Stuhl und schließen die Augen. Suche dir die bequemste Haltung. Atme regelmäßig und ruhig weiter. Arme und Beine sind locker, spüre, wie entspannt dein Kopf und dein Hals sind. Schließe jetzt die Augen. (PAUSE) Ich nehme dich jetzt auf eine Phantasiereise mit. Atme einige Male tief ein. Gut. Deine Augen sind geschlossen und solange ich diese Geschichte erzähle, wirst du dir einen schönen Ort vorstellen.*
   b. *Stell dir vor, du bist in der Natur, draußen. Du bewegst dich langsam auf weichem, angenehm warmen Boden. Bewege dich wie du willst, du kannst spazieren gehen, laufen, hüpfen. So wie es dir gefällt. (PAUSE) Du gehst zu einem Ort und du weißt ganz genau, dass du dich dort*

wohlfühlen wirst. Es kann ein Ort aus einem Traum sein oder ein Ort, an dem du schon mal warst. Du gehst langsam dort hin. (PAUSE) Du hörst angenehme Töne. Der Wind rauscht, der Regen tröpfelt, die Vögel singen, das Wasser plätschert... (PAUSE) Fühle nun die Farben und das Licht. Die Farben sind angenehm. Du fühlst, wie sie dich entspannen. Du bewegst dich und fühlst eine leichte Brise. Der Hauch dieser Brise berührt dein Gesicht, deine Arme, deinen ganzen Körper, als ob sie dich streicheln würden. (PAUSE) Fühle auch andere Berührungen. Regentropfen, Schneeflocken, Sonnenstrahlen. (PAUSE) Du fühlst dich wohl. Jetzt spürst du die Gerüche, den Geruch der Erde, den Geruch der Pflanzen. Diese angenehmen Gerüche streicheln dich. Atme langsam und tief ein und fühle wie entspannt du bist. (PAUSE) Du bewegst dich weiterhin durch die Natur. Du bewegst dich langsam, entspannt und fühlst, wie angenehm das alles ist. (PAUSE) Langsam bist du an deinem Entspannungsort angekommen. Alles was dich beruhigt und zufrieden macht, ist um dich herum, sobald du es dir wünschst. (PAUSE) Füge alles hinzu, was dir gut tut. Hier an diesem Ort bist du beschützt und entspannt. Das ist dein Ort zum Entspannen. (PAUSE) Schau dich um! Wo bist du? Wer befindet sich dort? Sind dort Menschen, die du kennst? Gibt es dort Tiere? Oder ist niemand dort? Wie fühlst du dich an diesem Ort? Behalte alle Farben ... das Licht ... die Formen ... die Töne ... die Berührungen ... die Gerüche. (PAUSE) Jetzt bereite dich auf die Rückreise vor. Geh langsam los! Wann immer du willst, öffne die Augen und du bist wieder in diesem Raum.
Falls jemand aufstehen und sich recken möchte, kann er/sie das tun.
Die Entspannungsphase und die geleitetet Phantasiereise dauern 10 Minuten.

Bemerkung: Falls jemand vor dem eigentlichen Schluss aufhört, lächeln Sie denjenigen an und deuten nonverbal, dass das in Ordnung ist, er/sie aber still bleiben muss.

3. **Zeichnen des Entspannungsortes**
Nun zeichnet ihr euren Entspannungsort. Stellt mit Farben, Formen und Linien dar, wo ihr wart, wie ihr euch gefühlt hat, was ihr gesehen und was ihr erlebt habt. Übertragt euer Erlebnis auf Papier. Es ist unwichtig, wie ihr zeichnet. Wichtig ist, dass die Zeichnung für euch eine Bedeutung hat.

Lassen Sie den Kindern Zeit ihre Zeichnung fertig zu stellen.
Dann stellen die Kinder den anderen im Kreis ihren Entspannungsort vor. Sie tauschen sich darüber aus, was ihnen gefallen hat, wie sie sich gefühlt haben und sie geben ihrem Entspannungsort einen Namen.

4. **Vertrauensübung (2)**
Das Schaukelspiel ist eine Übung, die in Dreier-Gruppen gespielt wird. Zwei Kinder stehen sich gegenüber, zwischen ihnen steht das dritte Kind. Die zwei äußeren Kinder sind dem mittleren Kind zugewandt. Das mittlere Kind sollte seine Augen geschlossen halten und sich von den beiden anderen schaukeln lassen. Zuerst stehen die beiden noch sehr nahe beieinander. Sie berühren den in der Mitte stehenden an den Schultern. Langsam können sie die Entfernung vergrößern, solange sie sich im Bereich der Sicherheit und des Wohlbehagens des mittleren Spielers befinden.
Nach ca. 2 Minuten wird die Position gewechselt, so dass dieses Vertrauensspiel insgesamt ca. 5 – 6 Minuten dauert.

5. **Symbol Lernwerkstatt**

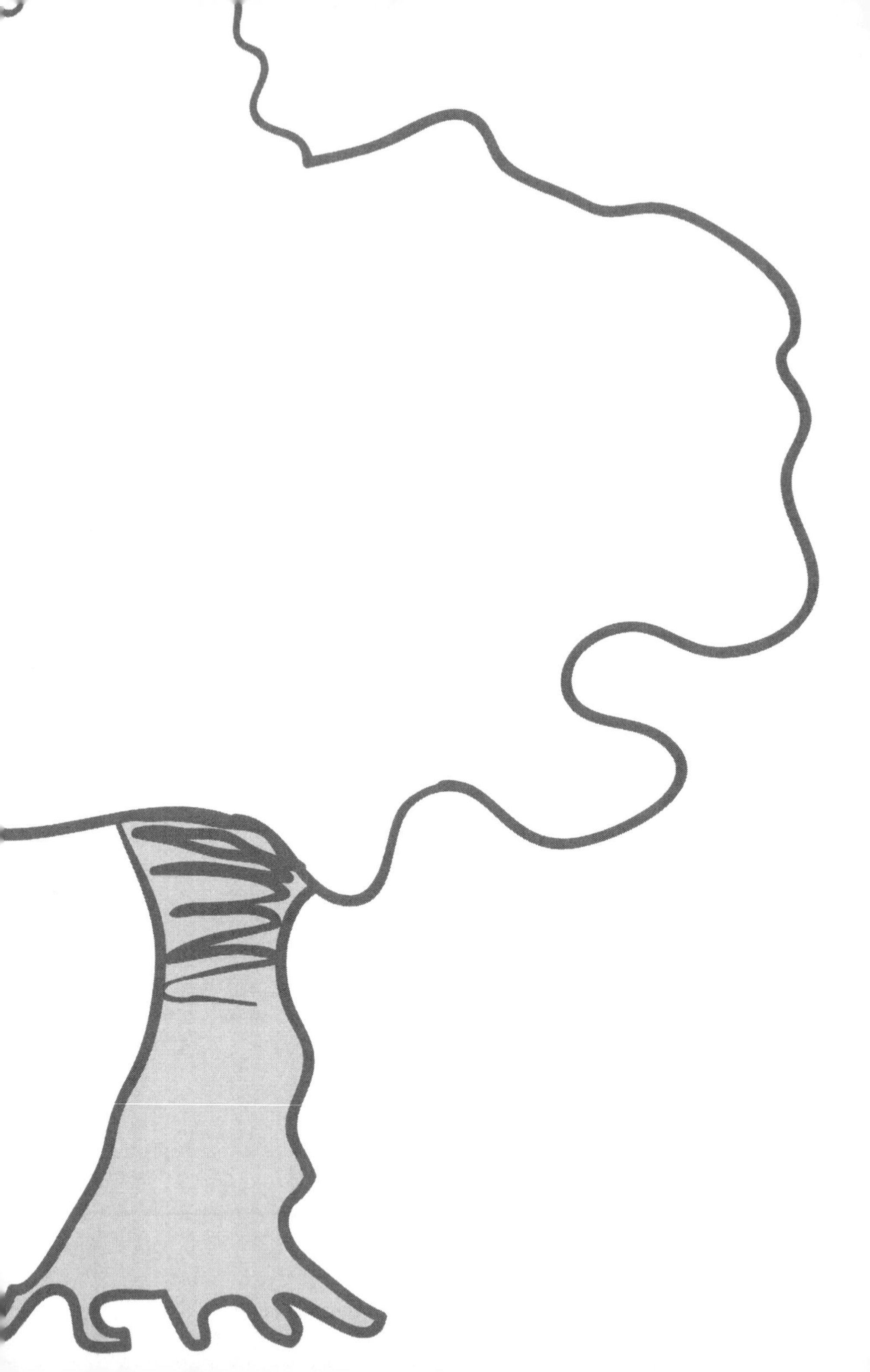

6. Lernwerkstatt

Was mir Sorgen bereitet

Übersicht

1. Namenskreis mit Gesten
2. Mein Sorgenkreis
3. Was man tun kann, damit man sich besser fühlt
4. Einen Sorgenhelfer schaffen
5. Drei Bewegungsspiele
6. Symbol Lernwerkstatt

Ziel der Lernwerkstatt

- Förderung proaktiver Haltung bei den Kindern
- (Kinder bei der Entwicklung eigener Ideen und Entscheidungen fördern)
- Die Kreativität und Phantasie wird gefördert
- Weitere Entspannungstechniken werden kennen gelernt und angewandt

Benötigtes Material für jedes Kind

- DIN A4 Blätter mit einem großen Kreis
- Bleistifte
- Buntstifte

1. **Namenskreis mit Gesten**
   Sie erklären den Kindern diese neue Version des Namenskreises. *Einer von euch fängt an. Er/Sie steht auf, macht eine Geste, eine Bewegung und sagt dabei seinen/ihren Namen. Ihr könnt euch jede Bewegung, die ihr wollt ausdenken. Ihr könnt z.B. auf einem Bein stehen oder auf einem Bein hüpfen, die Arme ausbreiten oder kreisen, egal was euch einfällt. Wir anderen müssen aufstehen und eure Bewegung wiederholen. Dann ist der nächste dran, bis alle einmal dran waren.*

2. **Mein Sorgenkreis**
   Jedes Kind erhält von Ihnen ein DIN A4 Blatt, auf das ein großer Kreis gezeichnet ist. Sie erklären den Kindern, dass es sich hier um ihren Sorgenkreis handelt, in den sie alle ihre Sorgen und Probleme einzeichnen können. *In diesen Kreis zeichnet ihr alles, was euch Sorgen macht. Ihr könnt Figuren oder Formen einzeichnen, ihr könnt aber auch nur Farben benutzen, die euer Problem, eure Sorge ausdrücken. Ihr seid da absolut frei.*
   Anschließend tauschen die Kinder im Kreis ihre Eindrücke zu diesem Thema aus.
   Ob ihnen das Zeichnen schwer gefallen ist, was schwer war, was einfach war und sie erzählen von ihren größten Sorgen.

3. **Was man tun kann, damit man sich besser fühlt?**
   Nachdem alle Kinder ihre Sorgen und Probleme vorgestellt haben, stellen Sie die Frage, ob man etwas tun könnte, damit einen die Sorgen und Probleme nicht mehr so quälen. *Fällt euch etwas ein, was ihr tun könnt, damit ihr euch selbst den Tag verschönert? Was könntet ihr tun, damit es euch besser geht?*
   Die Kinder tauschen sich über ihre Ideen aus.

4. **Einen Sorgenhelfer schaffen**
   Nachdem die Kinder sich schon Gedanken gemacht haben, was sie mit ihren Sorgen machen könnten, damit es ihnen besser geht, kann es sein, dass eines der Kinder schon den Vorschlag gemacht hat, dass man sich einen Sorgenhelfer schaffen könnte. Wenn dieser Vorschlag noch nicht gemacht worden ist, können Sie jetzt diesen Vorschlag machen. *Ihr könntet euch doch einen Helfer schaffen, der alle Sorgen und Probleme, die ihr habt, für euch erledigt. Jetzt fragt ihr euch bestimmt, wie das geht? Das geht so:*

Schließt eure Augen. Entspannt euch und denkt euch ein Wesen oder eine Sache aus, die euch helfen wird, eure Sorgen aus dem Kopf zu vertreiben, sie wegzuwischen. Das kann eine Märchengestalt sein oder eine Phantasiegestalt oder ein Zauberradiergummi oder etwas aus eurer Phantasiewelt. Ihr könnt euch alles ausdenken was ihr wollt. Sie motivieren die Kinder sich kreative, witzige eigene Ideen einfallen zu lassen. *Jedes Mal, wenn ihr Sorgen habt, schaltet doch einfach den Helfer ein – denkt euch aus wie. Lasst eurer Phantasie freien Lauf.*
Anschließend tauschen die Kinder ihre Ideen aus und stellen ihre Sorgenhelfer vor.

5. **Bewegungsspiele**

a. Kopfdrehen. *Lasst euren Kopf ganz langsam von rechts nach links kreisen und haltet dabei die Augen geschlossen. Dann wiederholt ihr die Kreisbewegung, aber diesmal in die andere Richtung. Stellt euch vor, dass euer Kopf leicht wie ein Luftballon ist. Macht diese Übung zuerst mit geschlossenen Augen und dann mit geöffneten Augen.*
b. Übung: Rutsch mir den Buckel runter
Ihr steht mit leicht gespreizten Beinen, entspannten Knien und parallel stehenden Füßen (Sie machen die Haltung vor) *ruhig an eurem Platz. Eure Arme lasst ihr neben dem Körper baumeln. Ihr atmet gleichmäßig und entspannt. Dann hebt ihr die Ellbogen bis auf Schulterhöhe an, breitet die Arme aus und schwingt sie dann plötzlich und stark nach hinten, dabei ruft ihr: Rutsch mir den Buckel runter! Mit eurer Stimme drückt ihr aus in welcher Stimmung ihr gerade seid.*
c. Rücken- und Nackenmassage
Sie bitten die Kinder sich im Kreis so aufzustellen, dass die rechte Schulter in den Innenkreis zeigt. Nun stehen alle Kinder hintereinander im Kreis. Dann bitten Sie die Kinder den Rücken und den Nacken des vor ihnen stehenden Kindes zu massieren. *Jetzt massiert jeder von euch seinem Vordermann den Rücken und den Nacken. Macht das so vorsichtig und achtsam, wie ihr glaubt, dass es für ihn angenehm ist. Und damit ihr das so richtig genießen könnt, dreht ihr euch in der zweiten Runde so, dass ihr jetzt mit der linken Schulter zum Innenkreis steht und von dem massiert werdet, den ihr vorher massiert habt.*

6. **Symbol Lernwerkstatt**

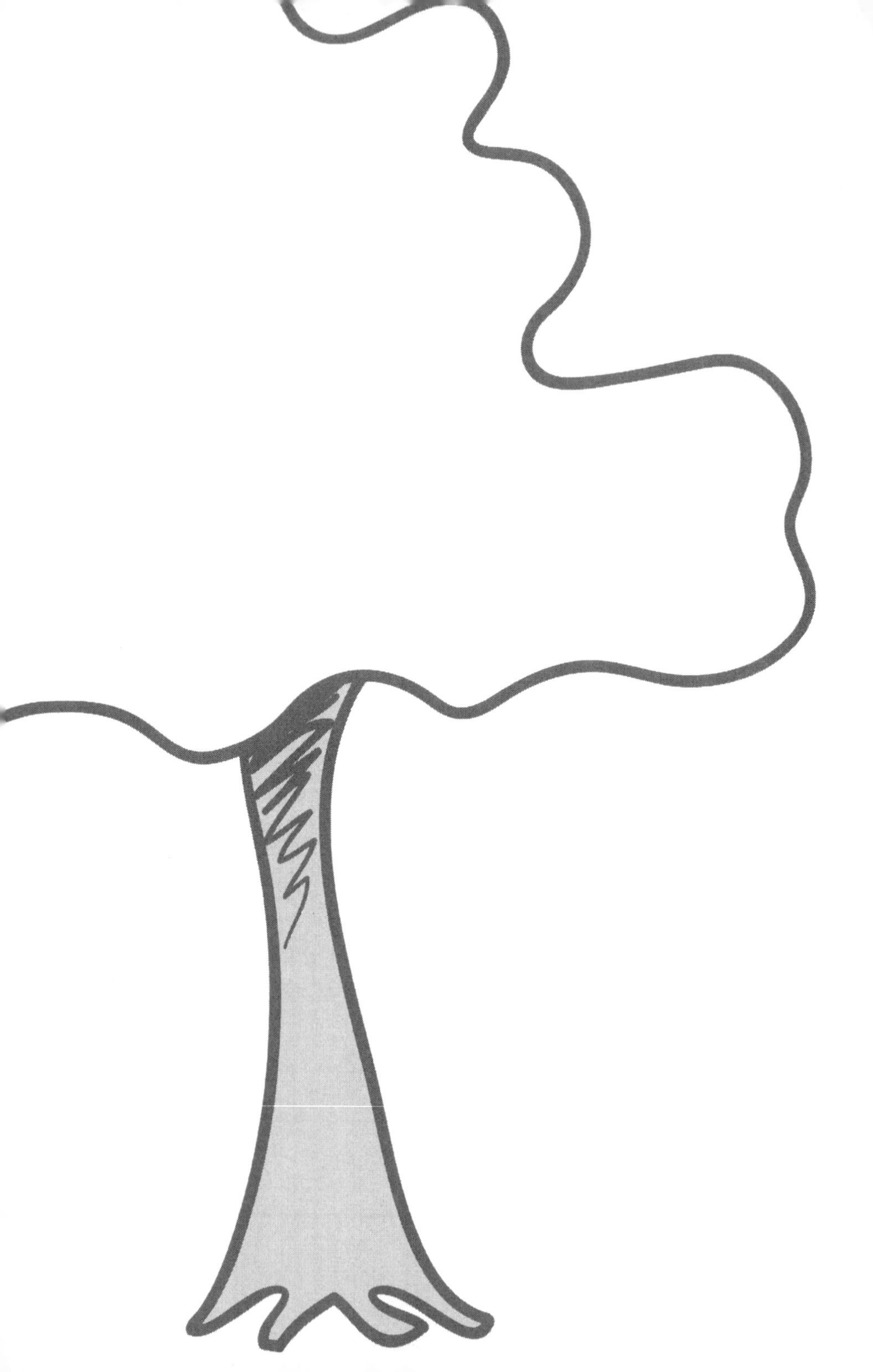

7. Lernwerkstatt

Gefühle äußern

Übersicht

1. Sich frei im Raum bewegend Gefühle ausdrücken
2. Ausdruck von Gefühlen durch Körpersprache
3. Zeichnerisches Darstellen erlebter Gefühle im Gefühlekreis
4. Austausch im Kreis über die Veränderung von Gefühlen
5. Symbol Lernwerkstatt

Ziel der Lernwerkstatt

- das Erkennen und Äußern von Gefühlen anregen

Benötigtes Material für jedes Kind

- DIN A4 Blätter (auf jedem Blatt ist ein Kreis aufgezeichnet)
- Bleistift
- Buntstifte

1. **Sich frei im Raum bewegend Gefühle ausdrücken**
   Alle stehen im Kreis. Sie fordern die Kinder auf, sich auf Ihr Zeichen hin im Raum frei zu bewegen. *Auf mein Zeichen hin spaziert ihr jetzt durch den Raum. Ich werde euch alle 30 Sekunden eine neue Anweisung geben. Wir fangen an damit, wie ihr geht, wenn ihr müde seid? Los geht's.* (nach 30 Sekunden ändern Sie die Ansage zu: *jetzt seid ihr böse ... jetzt ängstlich ... jetzt traurig ... jetzt seid ihr lustig ... und als letztes, jetzt seid ihr fröhlich.)*
   Anmerkung: Achten Sie bei dieser Übung auf die nonverbalen Zeichen von Ängstlichkeit bei einzelnen Kindern, wie z.B. starre Haltung, während es sich durch den Raum bewegt, oder darauf, ob jemand seine Hände zu Fäusten ballt, sich kratzt, Fingernägel kaut oder am Daumen lutscht. Vermerken Sie es in der Nachbesprechung, sprechen es aber während der Übung nicht an.

2. **Ausdruck von Gefühlen durch Körpersprache**
   So, jetzt setzen wir uns wieder in den Kreis. Was macht unser Körper, wenn wir müde sind? Wie zeigt er uns, dass er müde ist? Auf mein Zeichen hin, zeigt ihr es gleich mit dem ganzen Körper. Sie lassen allen Kindern Zeit mit Körpersprache dieses Gefühl darzustellen. *So, und jetzt zeigt ihr es nur noch mit euren Armen und Händen. Was tun die, wenn ihr müde seid?* Und nach einiger Zeit bitten Sie die Kinder Müdigkeit durch die Benutzung der Stimme auszudrücken.
   Diese Darstellung von Gefühlen durch den Körper und die Stimme lassen Sie dann anschließend mit den Gefühlen – böse – ängstlich – traurig – lustig und fröhlich wiederholen.
   Lassen Sie die Kinder erzählen, ob und wie sie die Veränderungen in der Körpersprache wahrgenommen haben.

3. **Zeichnerisches Darstellen erlebter Gefühle im Gefühlekreis**
   Sie verteilen die DIN A4 Blätter mit dem Kreis an die Kinder. *So, jetzt versucht euch vorzustellen, dass sich alle Gefühle, die ihr in den letzten Tagen hattet, in einem Kreis befinden. Welchen Raum nimmt jedes Gefühl ein, welche Farbe hat es und wo befindet es sich im Kreis? Welche Größe und Farbe hat eure Freude, eure Angst, eure Trauer, eure Wut, eure Liebe,*

eure Eifersucht oder jedes andere Gefühl, das ihr hattet? Welches dieser Gefühle befindet sich in eurem eigenen Gefühlekreis? Nehmt für jedes Gefühl eine andere Farbe, die für euch das Gefühl am besten zeigt.
Anschließend lassen Sie von jedem Kind seinen Gefühlekreis vorstellen und erzählen, warum sich die gezeichneten Gefühle im Kreis befinden.

4. **Austausch im Kreis über die Veränderung von Gefühlen**
Stellen Sie folgende Fragen:

- *Wie ändern sich Gefühle?*
- *Ändern sie sich schnell oder langsam?* z.B. *Du bist fröhlich und im nächsten Augenblick bist du traurig, oder du bist fröhlich, dann weniger fröhlich und dann noch weniger fröhlich, und dann bist du traurig...*
- *Wovon hängt das ab?*

Lassen Sie jedes Kind erzählen, wie sich seine Gefühle ändern und wovon das abhängt. Erklären Sie dann den Kindern was Gefühle für uns ausdrücken. So können Sie z.B. sagen:
Gefühle zeigen uns, ob unsere Wünsche und Bedürfnisse schon erfüllt sind oder noch nicht. Wenn du zum Beispiel Zärtlichkeit brauchst und deine Mama oder dein Papa dich in den Arm nehmen, bist du zufrieden, wenn sie es nicht tun, bist du vielleicht traurig oder auch ärgerlich.

5. **Symbol Lernwerkstatt**

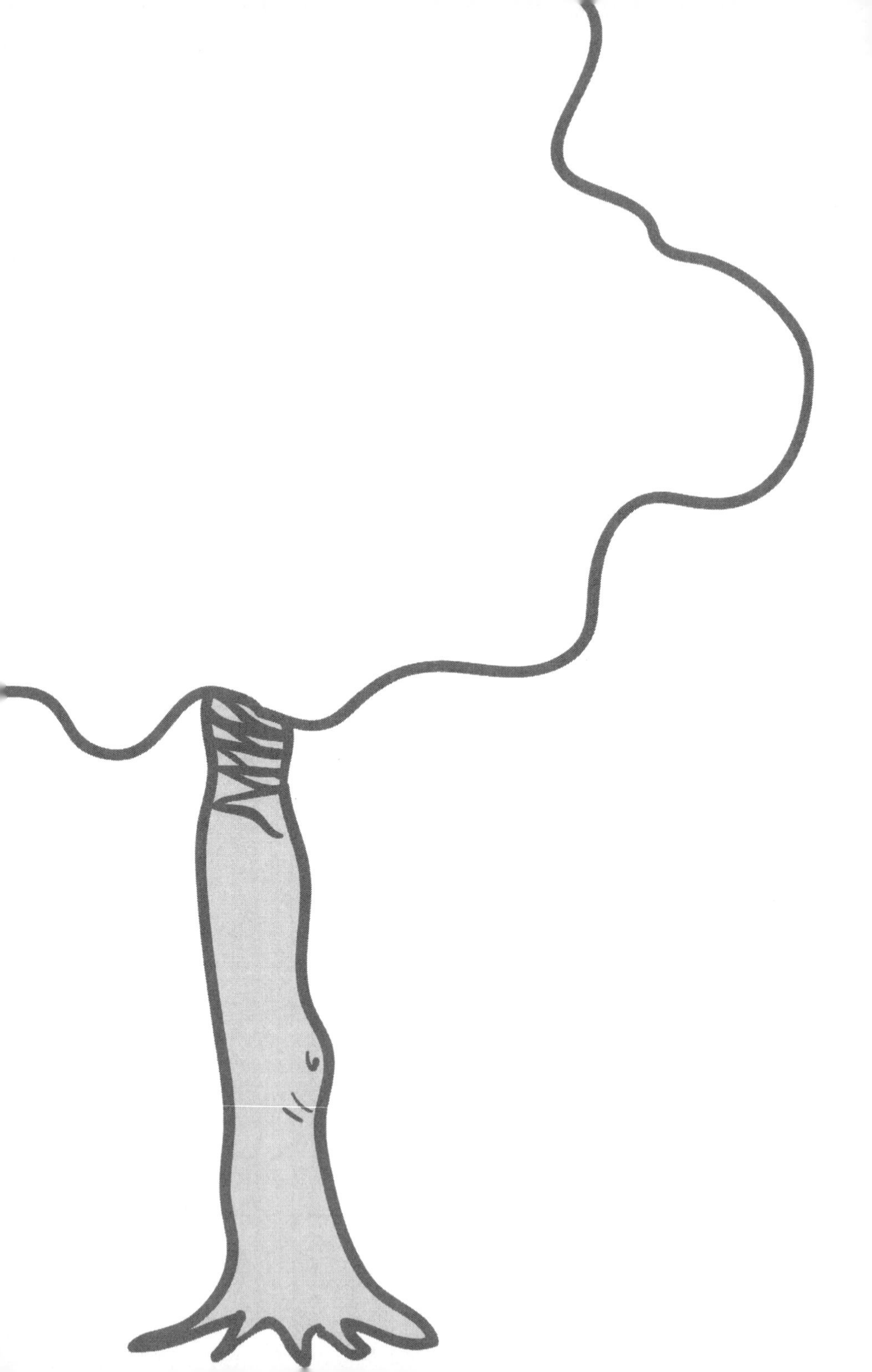

8. Lernwerkstatt

Kommunikation der Gefühle

Übersicht

1. Partnerübung: Spiegel der Gefühle
2. Rückenkommunikation
3. Spiel: Gefühle raten
4. Vertrauensübung in Partnerarbeit: die Wippe
5. Symbol Lernwerkstatt

Ziel der Lernwerkstatt

- Förderung des Erkennens von Gefühlen
- Förderung des Äußerns von Gefühlen
- Anregung sich über Gefühle auszutauschen

1. **Partnerübung: Spiegel der Gefühle**
   Ihr sucht euch jetzt einen Partner für die Übung. Einer von euch ist A der andere B. Auf mein Zeichen hin versucht A seinen Gesichtsausdruck zu verändern und verschiedene Gefühle darzustellen. B ahmt im selben Augenblick nach, wie ein Spiegelbild. Und zusätzlich müsst ihr beachten, dass ihr nur das Gesicht verändert und nicht andere Köperteile.
   Nach 2 – 3 Minuten geben Sie das Zeichen zum Rollenwechsel.
   Anschließend lassen Sie in der Gruppe jeden erzählen, wie er/sie sich in den einzelnen Rollen gefühlt hat. *Was hat euch gefallen und was nicht? Welche Rolle fandet ihr schwieriger?*
   Erklären Sie den Kindern, dass diese Übung nicht nur eine gute Übung für Gesichtsgymnastik ist, sondern dass sie sich durch diese Übung auch bewusst werden, wie viele Gesichtsmuskeln für uns arbeiten müssen, um unsere Gefühle auszudrücken und wie viele Gesichtsausdrücke möglich sind.

2. **Rückenkommunikation**
   Diese Übung ist wieder eine Partnerübung. *Ihr sucht euch wieder einen Partner, vielleicht sucht ihr euch dieses Mal jemanden, mit dem ihr noch keine Übung zusammen gemacht habt. Dann setzt ihr euch Rücken an Rücken zueinander. Auf mein Zeichen hin, teilt A seinem Partner B mit dem Rücken sein Gefühl mit. Wenn er/sie mit der Demonstration fertig ist, sagt ihr „fertig". Die Aufgabe eures Partners B ist es, das Gefühl zu erraten. Damit es nicht zu schwierig ist, wählt ihr eines dieser vier Gefühle aus: FREUDE, TRAUER, WUT, ANGST.*
   Sie bitten A sich eines dieser vier Gefühle auszusuchen und zu versuchen es mit dem Rücken auszudrücken. Nachdem alle vier Gefühle gezeigt wurden, lassen Sie die Rollen wechseln.
   Anschließend lassen Sie im Gesprächskreis erzählen, ob sie es geschafft haben die Gefühle zu erraten oder ob es ihnen schwer gefallen ist und wie sie sich bei diesem Spiel gefühlt haben.

3. **Spiel: Gefühle raten**
   Sie bitten die Kinder, sich an ein Erlebnis zu erinnern, bei dem sie ein sehr starkes Gefühl hatten. *So, und wenn ihr euch wieder genau an diese Situation erinnert, versucht ihr mit Mimik und Pantomime das Gefühl vorzuspielen. Und ihr anderen versucht zu erraten, welches Gefühl gemeint war. Wer richtig geraten hat, darf das nächste Gefühl darstellen.*

4. **Vertrauensübung in Partnerarbeit: Die Wippe**
   Die Kinder suchen sich einen Partner, stehen sich gegenüber, halten sich an den Handgelenken fest und gehen gemeinsam in die Hocke und stehen gemeinsam wieder auf.
   Sie lassen diese Übung einige Male wiederholen und gehen durch den Raum und helfen bei Bedarf.

5. **Symbol Lernwerkstatt**

9. Lernwerkstatt

Zuhören und Nichtzuhören

Übersicht

1. Einleitungsspiel: Das Schiff und der Felsen
2. Das „Nichtzuhören"-Spiel
3. Das „Zuhören"-Spiel
4. Zusammenfassung der gemachten Erfahrungen
5. Die Entspannungsmassage
6. Symbol Lernwerkstatt

Ziel der Lernwerkstatt

- die Erfahrung machen, wie es ist, wenn jemand einem zuhört bzw. nicht zuhört
- den Unterschied erkennen zwischen diesen beiden Erfahrungen
- erkennen, wie wichtig aufmerksames Zuhören für das gegenseitige Verständnis ist

Benötigtes Material

- vorbereitete und beschriftete Zettel, 3 beschriftet mit „Schiff" und alle übrigen mit „Fels"
- eine Binde, um die Augen zu verbinden

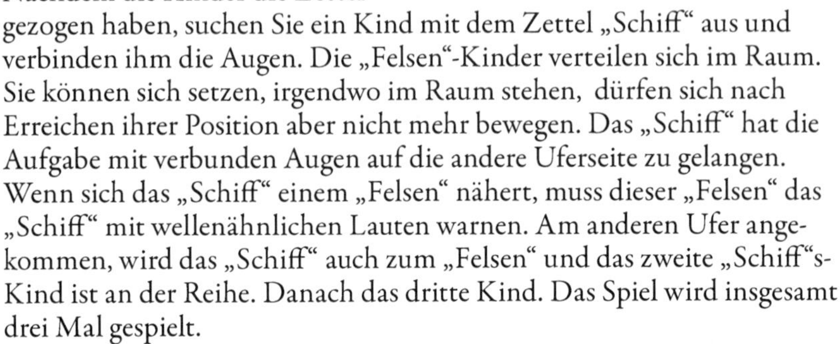

1. **Einleitungsspiel: Das Schiff und die Felsen**
   Sie bitten die Kinder einen Zettel zu ziehen. Auf drei Zetteln steht das Wort „Schiff“ auf allen anderen „Fels“.
   Nachdem die Kinder die Zettel gezogen haben, suchen Sie ein Kind mit dem Zettel „Schiff“ aus und verbinden ihm die Augen. Die „Felsen“-Kinder verteilen sich im Raum. Sie können sich setzen, irgendwo im Raum stehen, dürfen sich nach Erreichen ihrer Position aber nicht mehr bewegen. Das „Schiff“ hat die Aufgabe mit verbunden Augen auf die andere Uferseite zu gelangen. Wenn sich das „Schiff“ einem „Felsen“ nähert, muss dieser „Felsen“ das „Schiff“ mit wellenähnlichen Lauten warnen. Am anderen Ufer angekommen, wird das „Schiff“ auch zum „Felsen“ und das zweite „Schiff“s-Kind ist an der Reihe. Danach das dritte Kind. Das Spiel wird insgesamt drei Mal gespielt.
   Danach erfolgt der Erfahrungsaustausch im Sitzkreis. Sie fragen die Kinder, wie sie sich als „Schiff“ bei der Durchfahrt gefühlt haben und wie ihnen die „Wellen“ geholfen haben. *Wer möchte sich zum Spiel äußern und uns erzählen, welche Gefühle auftauchten? Wie erging es den „Felsen“? Was habt ihr gefühlt, als das „Schiff“ auf euch zukam? Und wie haben sich die „Schiffe“ gefühlt, als sie die „Wellen“ hörten?*
   Heben Sie hervor, wie wichtig es ist, anderen zuzuhören und zu lauschen, was um sie herum passiert.

2. **Das „Nichtzuhören“-Spiel**
   Sie bitten die Kinder sich einen Partner zu suchen, sich ihm gegenüber zu setzen und zu entscheiden wer A und wer B ist.
   Dann erklären Sie die Spielregeln. *So, auf mein Zeichen hin fängt A an zu erzählen, von seinem Wochenende oder von einer interessanten Fernsehsendung oder etwas anderem, was ihn sehr interessiert hat und von dem er glaubt, dass es auch seinem Partner interessieren könnte. Partner B hat aber die Aufgabe, überhaupt nicht zuzuhören. Das zeigt B nur mit der Körpersprache, indem er sich abwendet, ein gelangweiltes Gesicht macht, die Augen verdreht oder was euch sonst noch einfällt.*
   Sie geben, wenn die Spielregel verstanden ist, das Startzeichen und nach 2 Minuten rufen Sie Stopp. Dann kommt es zum Rollenwechsel.
   Nachdem beide jeweils 2 Minuten reden oder nicht zuhören, fragen Sie

die Kinder, wie sie sich in ihren Rollen gefühlt haben. *Wie war es, als ihr etwas erzählt habt und euch nicht zugehört wurde? Und wie habt ihr euch gefühlt, als ihr nicht zugehört habt? Welche der beiden Rollen war für euch schwieriger zu spielen?*

3. **Das „Zuhören"-Spiel**
Sie lassen sich die Kinder wieder in Paaren zusammenfinden und erklären ihnen, dass sie jetzt das „Zuhören"-Spiel spielen werden. Sie weisen die Kinder darauf hin, dass sie jetzt aufmerksam dem anderen zuhören sollten, weil sie das Gehörte so genau wie nur möglich nacherzählen sollen. Sie geben das Startzeichen und Kind A fängt an, seine Geschichte von vorhin zu erzählen. Nach 1 Minute rufen Sie „Stopp !" und Kind B soll das Gehörte nacherzählen. Danach bitten Sie die Kinder die Rollen zu wechseln.
Im anschließenden Kreisgespräch fragen Sie die Kinder, wie sie sich dieses Mal in ihren Rollen gefühlt haben. *War es für A dieses Mal leichter seine Geschichte zu erzählen? War es für B schwierig genau zuzuhören? Konntet ihr alles nacherzählen?* Lassen Sie den Kindern Zeit sich zu ihren Erfahrungen zu äußern.
Kommentar: Erklären Sie den Kindern, dass es für jeden sehr wichtig ist, dass diejenigen, denen wir etwas erzählen wollen, uns auch zuhören. *Wir fühlen uns dann wohl und so werden Freundschaften gefördert. Auch in der Schule ist es sehr wichtig zuzuhören, weil wir uns dann alles leichter merken können. Auch der Lehrer fühlt sich wohler, wenn er merkt, dass ihm die Schüler zuhören.*

4. **Zusammenfassung der gemachten Erfahrungen**
Lassen Sie den Kindern nun Zeit über ihre Erfahrungen in den beiden Spielen und über ihre dabei entstandenen Gefühle zu erzählen. Lassen Sie die Kinder selber herausfinden, warum sie sich in welchen Situationen gut oder schlecht gefühlt haben.

5. **Entspannungsmassage**
Die Kinder stellen sich im Kreis so auf, dass die linke Schulter in die Kreismitte zeigt. Dann bitten Sie die Kinder, das vor ihnen stehende Kind sanft zu massieren, den Nacken, die Schulter, den Rücken, die Arme.

6. **Symbol Lernwerkstatt**

10. Lernwerkstatt

Kommunikation und Missverständnisse (1)

Übersicht

- Namenskreis
- Entspannungsübung
- Unterschiedliche Sichtweisen als Quelle der Missverständnisse
- Kettenpantomime
- Symbol Lernwerkstatt

Ziele der Lernwerkstatt

- Missverständnisse in der Kommunikation entdecken
- Sich in die Sichtweise des Anderen versetzen
- Nonverbale Kommunikation fördern

Benötigtes Material

- Bild A „Vase“
- Bild B „Profil“
- Kippfigur/ Doppelbild C „Vase/Profil“ (Bilder im Anhang 1)

1. **Namenskreis**
   Jeder von euch überlegt sich jetzt eine Art, wie ihr euren Namen auf eine ungewöhnliche Weise sagt, auf eine Art, wie ihr noch nie euren Namen ausgesprochen habt. Lassen Sie den Kindern einige Zeit sich eine eigene Lösung auszudenken. Falls das nicht gelingt, schlagen Sie etwas vor.
   z.B. Ma- a – a –a –a ri – ri – ri – a

2. **Entspannungsübung in Partnerarbeit,**
   Die Kinder sollen sich eine Phantasiesprache, z.B. Gibberisch ausdenken. Diese Sprache hat keinerlei Aussage, es wird nur improvisiert. Das wichtigste Kriterium ist, dass die Kinder Spaß haben und der Kiefer und die Gesichtsmuskeln entspannt sind. Lassen Sie den Kindern Zeit sich eine Sprache auszudenken und sich dann in dieser Phantasiesprache zu unterhalten.

3. **Unterschiedliche Sichtweisen als Quelle der Missverständnisse**
   Sie teilen die Kinder in zwei Gruppen auf und lassen jede in eine entgegengesetzte Raumecke gehen. Wichtig ist, dass die Gruppen weit genug voneinander entfernt stehen, dass sie die Zeichnung, die sich die eine Gruppe ansieht, nicht erkennen können.
   Der einen Gruppe geben Sie die Zeichnung A, die Vase. Alle sollen sich das Bild genau ansehen. Lassen sie das Bild im Kreis weitergeben. Die andere Gruppe bekommt von Ihnen die Zeichnung B, das Profil. Wenn sich jeder in der Gruppe das Bild ganz genau angesehen hat, nehmen Sie beiden Gruppen die Bilder wieder ab.
   Dann bitten Sie alle sich wieder in den gemeinsamen Kreis zu setzen und zeigen jedem einzelnen kurz, einige Sekunden lang das Doppelbild C Vase/Profil.
   Anschließend fragen Sie was die Kinder auf dem letzten Bild gesehen haben. Voraussichtlich wird jedes Gruppenmitglied der jeweiligen Gruppe das in Bild C sehen, was sie auf dem ersten Bild erkannt haben. Dann legen Sie das Doppelbild für jeden sichtbar in die Mitte des Kreises.
   Warum glaubt ihr, habt ihr dieses Bild unterschiedlich wahrgenommen?
   Lassen Sie den Kindern Zeit sich eine Erklärung für die

unterschiedlichen Wahrnehmungen zu überlegen.
Anmerkung: Kommentieren Sie die gemachten Ergebnisse. *Manchmal fällt es uns schwer uns zu verstehen, weil wir die Dinge nicht auf die gleiche Art und Weise sehen.*

4. **Kettenpantomime**
   Zunächst klären Sie nochmals den Begriff Pantomime. *Wir stellen etwas mit Körpersprache, also Bewegung und Mimik, Bewegung der Gesichtsmuskeln dar, ohne dabei die Sprache zu benutzen.* Bitten Sie dann jedes Kind sich eine Tätigkeit auszudenken und sie pantomimisch darzustellen, z.B. Butter auf das Brot streichen, o.ä. Das nebensitzende Kind versucht die Aktivität zu erraten und fährt mit der angefangenen „Geschichte" fort, z.B. nimmt es einen Becher aus dem Schrank. Das nächste Kind benennt diese Handlung und führt diese Handlung weiter, es gießt sich z.B. ein Getränk ein. Alles geschieht ohne Worte.
   Geben Sie den Hinweis, dass niemand die benannte Handlung verbessert. Erst wenn alle etwas erraten und gezeigt haben, erzählt jeder, was er dargestellt hat und in der Gruppe kann darüber nachgedacht werden, warum nicht immer alles richtig verstanden wurde.

ANHANG 1

für Werkstatt Nr. 10

Diese Seite fotokopieren und entlang der gestrichelten Linien ausschneiden, diese 3 Karten werden für das Zeichnen nach Anweisungen benötigt.

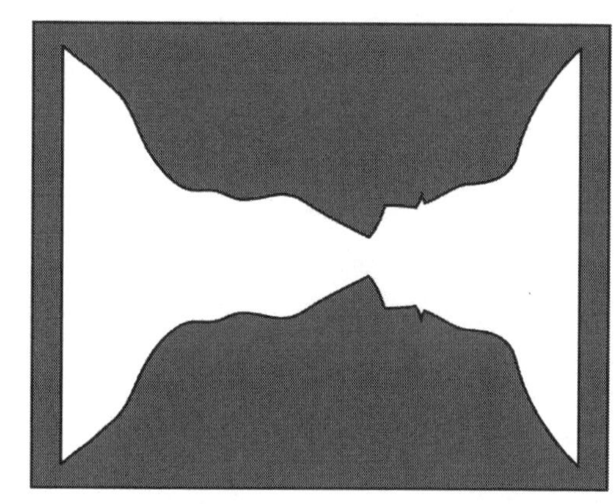

A

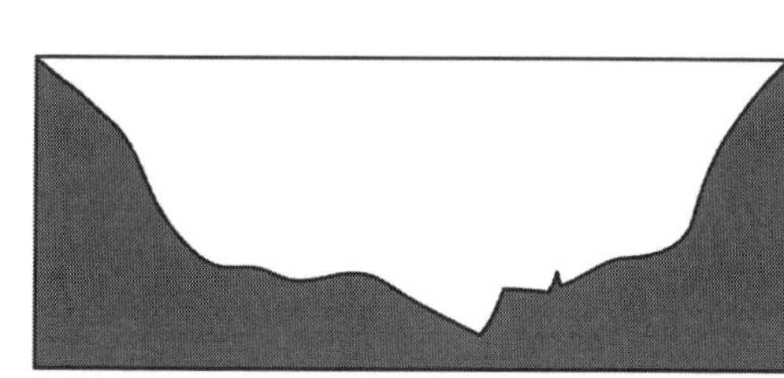

B

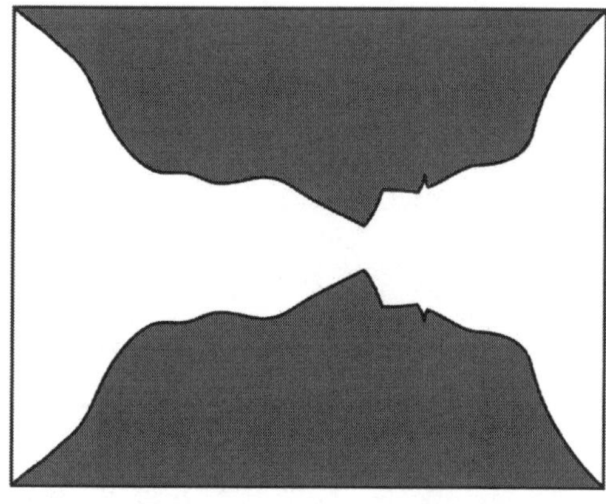

C

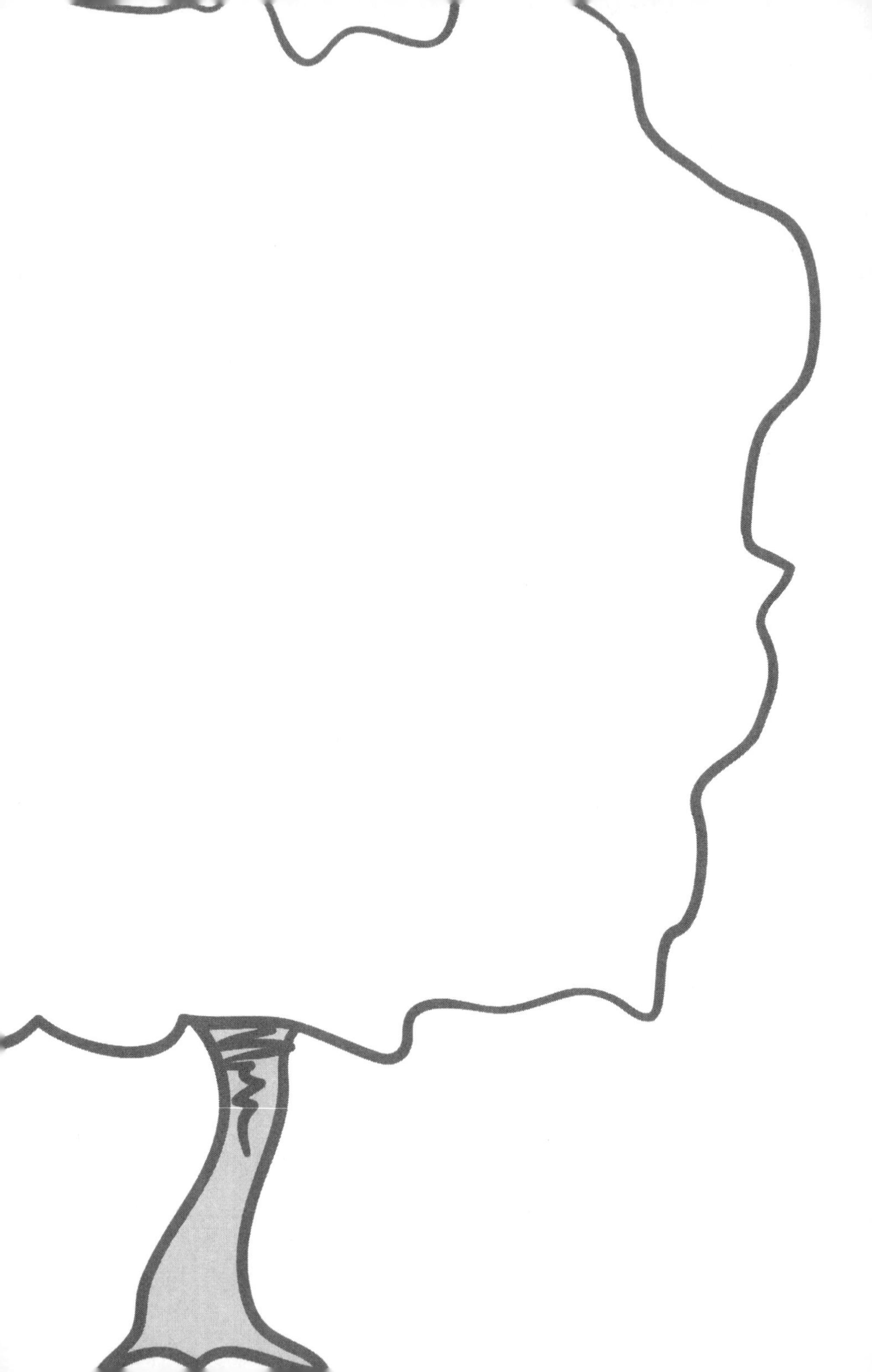

11. Lernwerkstatt

Kommunikation und Missverständnisse (2)

Übersicht

- Namenskreis
- Zeichnen nach Anweisung in Partnerarbeit
- Ja – Nein – Spiel, Überzeugungsstrategien
- Missverständnisse mit den Eltern
- Wie können sich Eltern und Kinder besser vertragen?
- Bewegungskette
- Symbol Lernwerkstatt

Ziel der Lernwerkstatt

- Missverständnisse in der Kommunikation entdecken
- sich in die Sichtweise des Anderen versetzen
- nonverbale Kommunikation fördern

Benötigtes Material für jedes Kind

- DIN A4 Blätter
- Bleistift
- einfache Zeichnungen als Vorlage (im Anhang)

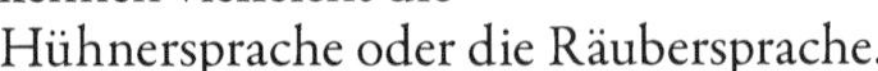

1. **Namenskreis**
   Inspirieren Sie die Kinder ihren Namen auf eine phantasievolle, ungewöhnliche Weise auszusprechen. Viele Kinder kennen vielleicht die Hühnersprache oder die Räubersprache.
   Wenn nicht geben Sie einige Beispiele:
   Hühnersprache: Maria wird zu Ma-**hadef**-ri-**hadef**-a-**hadef** (vor jeden Vokal wird ein – h – gesetzt und dahinter - def
   Räubersprache: Maria wird zu: M-**om**-a-**ror**-ia (jeder Konsonant wird verdoppelt und ein –o- dazwischen gesetzt.)
   Aber ansonsten lassen Sie die Kinder sich frei ausdenken, wie sie ihren Namen aussprechen.

2. **Zeichnen nach Anweisungen in Partnerarbeit**
   Die Kinder sitzen in Paaren, den Rücken zum Partner gewandt. *Also, bei dieser Übung bekommt einer von euch eine Zeichnung und er/sie gibt dem Partner Anweisungen was er zeichnen soll. Ihr dürft dabei aber den Gegenstand nicht nennen, sondern nur so genau wie möglich beschreiben. Benutzt dabei nur die Formen und deren Stellung zueinander.*
   Sie geben einem der Partner eine einfache Zeichnung und er/sie soll dem anderen Kind Anweisungen also Beschreibungen geben, sodass dasselbe Bild entsteht, ohne das aber das zu Zeichnende benannt wird.
   Beispiel: ein Wagen, der aus einem Rechteck und zwei Kreisen besteht, darf nicht als Wagen benannt werden. Ein Strichgesicht, das aus einem Kreis, zwei Punkten und zwei Striche besteht, darf der Partner nicht als Gesicht benennen.
   Am Ende vergleichen alle das Modell mit dem Gezeichneten. Dann kommt es zum Rollentausch. Der Anweisende bekommt eine neue Zeichnung.
   Anschließend treffen sich alle im Kreis und diskutieren über die Unterschiede zwischen der Vorlage und der Zeichnung. *Warum glaubt ihr, ist es zu den Unterschieden gekommen? War es schwer die Zeichnung „richtig" zu zeichnen? Warum glaubt ihr, war es nicht so einfach für euch?*
   Anmerkung: Ziel ist es unterschiedliche Sichtweisen zu erkennen,

wie auch die Schwierigkeiten, die bei einer mündlichen Beschreibung auftreten können, wenn der Zuhörer das Beschriebene nicht sehen kann.

3. **Das Ja – Nein – Spiel**
   Die Kinder stellen sich in zwei gegenüberstehenden Reihen auf. Die eine Reihe hat die Aufgabe ständig „Nein" zu sagen und den Gegenüberstehenden dazu zu bringen auch „Nein" zu sagen. Die andere Reihe sagt zur gleichen Zeit ständig „Ja" und hat die gleiche Aufgabe, den Partner dazu zu bringen auch „Ja" zu sagen. Sie können alle Tricks wie nonverbale Mittel, Gesten, Mimik usw. benutzen, um den anderen dazu zu bringen seine Aussage zu ändern. Alle reden zur gleichen Zeit aufeinander ein. Nach ca. 2 Minuten stoppen Sie das Spiel. *Habt ihr es geschafft euren Partner dazu zu bringen seine Aussage zu ändern? Wenn ja, wie habt ihr es geschafft? Und wenn ihr eure Aussage geändert habt, wie habt ihr euch dann gefühlt?*Ihr Kommentar nach der Diskussion: *„Manchmal können wir uns nur schwer verstehen, weil wir die Argumente des anderen nicht annehmen möchten, wie in diesem Spiel und wir mögen es nicht, gezwungen zu werden eine andere Meinung zu übernehmen."*

4. **Missverständnisse mit den Eltern**
   Was sagt deine Mutter, wenn du „nein, ich möchte das nicht" sagst? Wie reagiert sie? Und wie reagiert dein Vater in dieser Situation?
   Lassen Sie die Kinder ihre Erfahrungen erzählen und austauschen.

5. **Wie können sich Eltern und Kinder besser vertragen?**
   Die Kinder sollen nach Lösungen suchen und Vorschläge machen, wie die Situation bei Missverständnissen zu verbessern ist.
   Sie können ihnen zeigen, dass man „nein, ich will das nicht" auch anders sagen kann, ohne seine eigenen Bedürfnisse zurückstecken zu müssen und „ja" sagen zu müssen. *So könntet ihr z.B. sagen: „Ich möchte das selber entscheiden"*
   Diskutieren Sie im Kreis mögliche Lösungen.

6. **Bewegungskette**
   Die Kinder und Sie stehen im Kreis. Sie erklären den Kindern die Spielregeln. *Ich denke mir eine Bewegung aus und übertrage sie an meinen Nachbarn im Kreis. Mein Nachbar schaut mir genau zu und überträgt meine Bewegung an seinen Nachbarn und der muss auch nur seinen*

Nachbarn ansehen und diese Bewegung wiederholen, wichtig ist dabei, dass jeder nur seinen Nachbarn anschaut und von ihm/ihr die Bewegung übernimmt. Bevor die Bewegung aber durch den ganzen Kreis durchgelaufen ist, fange ich wieder mit einer neuen Bewegungskette an und auch die wird wieder durch den ganzen Kreis geschickt.
Die Abstände zwischen den neuen Bewegungsketten kann verkürzt werden, es können bis zu 5 Bewegungsketten gleichzeitig durch den Kreis laufen.

Mögliche Bewegungen, die durch den Kreis geschickt werden können, können sein:
1. Kreis: mit den Fingern schnippen
2. Kreis: gegen die Schenkel schlagen
3. Kreis: mit den Füßen stampfen und gegen die Schenkel schlagen
4. Kreis: mit den Füßen stampfen
5. Kreis: zum Eismann erstarren

7. Symbol Lernwerkstatt

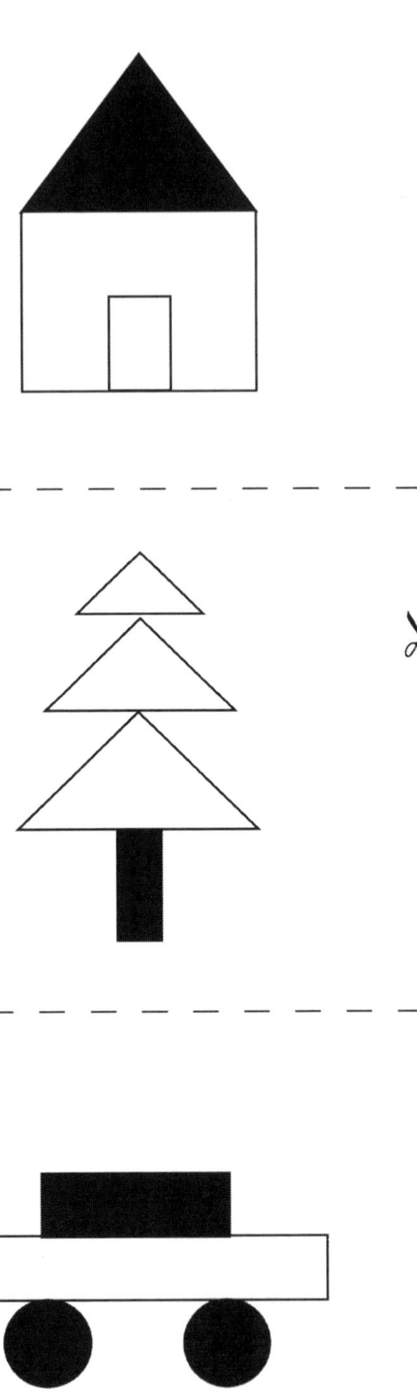

ANHANG 2a

für Werkstatt Nr. 11

Diese Seite fotokopieren und entlang der gestrichelten Linien ausschneiden, diese 3 Karten werden für das Zeichnen nach Anweisungen benötigt. (s. Auch Anhang 2b)

ANHANG 2b

für Werkstatt Nr. 11

Diese Seite fotokopieren und entlang der gestrichelten Linien ausschneiden, diese 3 Karten werden für das Zeichnen nach Anweisungen benötigt.

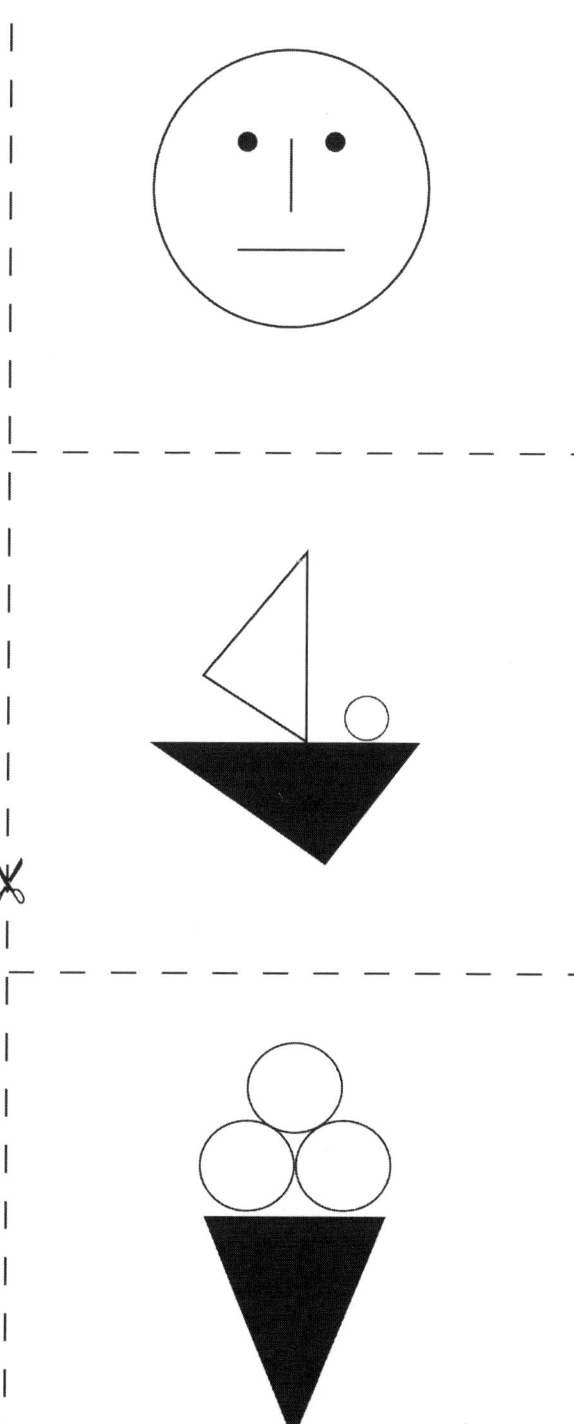

12. Lernwerkstatt

Zusammenarbeit (1)

Übersicht

1. Ballspiel
2. Gemeinsame Zeichnung ohne Absprache
3. Präsentation der Zeichnungen
4. Die „Gute-Botschaft-Dusche“
5. Symbol Lernwerkstatt

Ziel der Lernwerkstatt

- Förderung der Zusammenarbeit
- Förderung von nonverbaler Kommunikation
- Förderung der Phantasie

Benötigte Materialien

- ein Ball

für jedes Kind

- DIN A4 Blätter
- Bleistift
- Buntstifte
- Klebeband

6. **Ballspiel**
Alle Kinder sitzen im Kreis und werfen sich einen Ball zu. (Falls Sie keinen Ball haben, können Sie auch ein Ball aus geknülltem Papier formen.)

Bevor ihr den Ball werft, sagt ihr immer zuerst den Namen des Zielkindes. Ihr seht zu demjenigen, den ihr meint.
Wenn das ohne Schwierigkeiten klappt, können Sie die Regel erschweren, indem statt des Namens auch die Haarfarbe oder die Augenfarbe benannt werden kann.

7. **Gemeinsame Zeichnung ohne Absprache (in Vierergruppen)**
Sie bitten die Kinder sich in Vierergruppen zusammen zu finden. *So jetzt ist eure Aufgabe eine gemeinsame Zeichnung in jeder Gruppe herzustellen. Aber um es schwieriger zu machen, dürft ihr euch nicht im voraus zum Thema absprechen und auch während des Zeichnens nicht darüber reden. Jeder von euch bekommt jetzt von mir ein Blatt Papier und auf mein Zeichen hin, fängt jeder von euch an zu zeichnen. Ihr könnt alles zeichnen was ihr wollt, aber ihr seht nicht auf die Bilder eurer Gruppenmitglieder.*
Wenn alle Kinder Papier und Stifte haben, geben Sie das Zeichen zum Start. Wenn Sie den Eindruck haben, dass fast alle fertig sind, geben Sie das Zeichen zum Beenden der Übung.
Jetzt kommt die Zusammenarbeit. Jede Vierergruppe stellt jetzt ihre vier Bilder zu einer zusammenhängenden Geschichte zusammen. Ihr müsst euch dazu auf eine Geschichte einigen und dann sucht ihr euch einen Titel für eure Geschichte.
Lassen Sie den Gruppen Zeit sich zu einigen. Wenn nötig gehen Sie zu den Gruppen, um einige Tipps zu geben.

8. **Präsentation der Zeichnungen**
Bevor sich alle wieder im Kreis treffen, bitten Sie die einzelnen Gruppen sich auf einen Gruppensprecher zu einigen, der dann im Plenum die gemeinsam gestaltete Geschichte erzählen wird.
Besonders interessant ist auch, auf welches Thema die Kinder sich geeinigt haben und wie es zu dem Konsens gekommen ist.
Fragen Sie die Kinder, ob es schwer war eine gemeinsame Geschichte

zu finden und wie sie vorgegangen sind, um die Zeichnungen zu einer Geschichte zu ordnen.
Jede Gruppe soll berichten, wie sie sich geeinigt haben.

9. **Die „Gute-Botschaft-Dusche"**
Die Kinder stellen sich in zwei gegenüberstehenden Reihen auf, zwischen ihnen entsteht ein Durchgang. Von einem Ende der Reihen geht ein Kind durch das Spalier. Die im Spalier stehenden Kinder lächeln dem Kind zu, streicheln es oder verkünden ihm eine persönliche, schöne Botschaft. Am Ende des Spaliers stellt sich das Kind wieder in seine Reihe und das nächste Kind aus der anderen Reihe geht durch das Spalier. Die „Gute-Botschaft-Dusche" endet, wenn alle Kinder durch die Reihen gegangen sind, bis alle „geduscht" sind.
(Ca. 5 Minuten)

10. **Symbol Lernwerkstatt**

13. Lernwerkstatt

Zusammenarbeit (2)

Übersicht

1. Namenskreis
2. Überraschungsklappbild, Gruppenarbeit zu 7-8 Kindern
3. Luftballontragen
4. Lebendiger Spiegel in Partnerarbeit
5. Symbol Lernwerkstatt

Ziel der Lernwerkstatt

- Förderung der Zusammenarbeit
- Förderung der nonverbalen Kommunikation
- Förderung der Phantasie

Benötigtes Material für jedes Kind

- drei ca. 20 cm breite und ca. 150 cm lange Packpapierstreifen
- zwei Bänder (aus Stoff oder Papier, 8 – 10 cm lang)
- drei aufgeblasene Luftballons

1. **Namenskreis**
   In diesem Namenskreis stellen wir uns den anderen vor und sagen, was wir gerne mögen. *Z.B. Ich heiße Maria und ich mag ... Wir, die anderen müssen genau zuhören, was gesagt wird, weil der jeweilige Nachbar, bevor er sich selber vorstellt, zuerst wiederholen muss, was er gerade von seinem Vorgänger gehört hat.*

2. **Überraschungsklappbild**
   Sie teilen die Kinder in Gruppen von jeweils 7 bis 8 Kindern ein. Dann verteilen Sie pro Gruppe einen langen Packpapierstreifen, von ca. 20cm Breite und 150cm Länge und die Stifte und erklären die Aufgabe.
   Der erste von euch zeichnet einen Teil eines Gegenstandes oder eines Gesichts auf den Streifen, ohne dass die anderen gesehen haben, was er gezeichnet hat. Dann faltet er seine Zeichnung so nach hinten, dass nur noch das Ende der Zeichnung sichtbar bleibt. Dann ist der nächste von euch dran. Ihr führt die Zeichnung an der sichtbaren Stelle *weiter, so wie ihr es euch vorstellt und dann wenn ihr fertig seid und die Zeichnung umgeklappt habt, fängt der nächste an. Ihr zeichnet so lange, bis der Streifen aufgebraucht ist. Ihr könnt also, je nachdem wie groß* eure Zeichnung ist, auch zwei*mal zeichnen.*
   Anschließend bitten Sie die Gruppenmitglieder sich unbedingt an Ihre Anweisung zu halten, die lautet: Dass die anderen sich abwenden müssen, wenn einer von ihnen auf den Streifen zeichnet. Was jeder zeichnet ist egal.
   Erst wenn der ganze Packpapierstreifen bemalt ist, wird er wieder entfaltet und alle sehen sich das Endprodukt an und einigen sich auf einen Titel.
   In der Gesamtgruppe lassen Sie den Vertreter der einzelnen Gruppen das Bild vorstellen.
   Lassen Sie die Kinder erzählen, wie sie sich gefühlt haben, beim Zeichnen und beim gemeinsamen Finden des Titels.

3. **Luftballontragen**
   Dieses Spiel wird paarweise durchgeführt, dieses Mal aber nicht gleichzeitig, sondern nacheinander. Sie überreichen dem ersten Paar die 2 ca. 10

cm langen Bänder und die 3 aufgeblasenen Luftballons.
Jedes Paar hat die Aufgabe, die Luftballons auf den Bändern durch den ganzen Raum zu tragen, ohne dass die Luftballons von den Bändern fallen. Jeder hält dabei ein Ende der beiden Bänder.
Wenn alle 2er Gruppen die Aufgabe durchgeführt haben, lassen Sie in der Gesamtgruppe über die gemachten Erfahrungen erzählen. *War es schwer? Was habt ihr getan, damit die Ballons nicht von den Bändern fallen? Wie habt ihr euch während der Übung gefühlt?*

4. **Lebendiger Spiegel in Partnerarbeit**
   Alle spielen dieses Spiel gleichzeitig mit ihren Partnern. Die Paare verteilen sich im Raum und stehen sich gegenüber. Dann geben Sie Ihre Arbeitsanweisung zum Spiel „lebendiger Spiegel". *Zuerst einigt ihr euch wer das Spiel beginnt. Der, der beginnt, denkt sich eine Aktivität aus, z.B. Kämmen der Haare oder Putzen der Zähne und führt diese Bewegungen als Pantomime vor. Derjenige, der ihm gegenüber steht, ahmt die Bewegung nach, wie ein Spiegel. Der, der die Bewegungen angefangen hat, fügt dann noch weitere Bewegungen zu, die der andere spiegelt.* Nach einigen Minuten lassen Sie die Partner die Rollen tauschen. Im anschließenden Gespräch lassen Sie die Kinder entdecken, dass bei diesem Spiel nach einiger Zeit nicht mehr eindeutig klar ist, wer vor dem Spiegel steht und wer der Spiegel ist, da die Bewegungen so schnell aufeinander folgen.

5. **Symbol Lernwerkstatt**

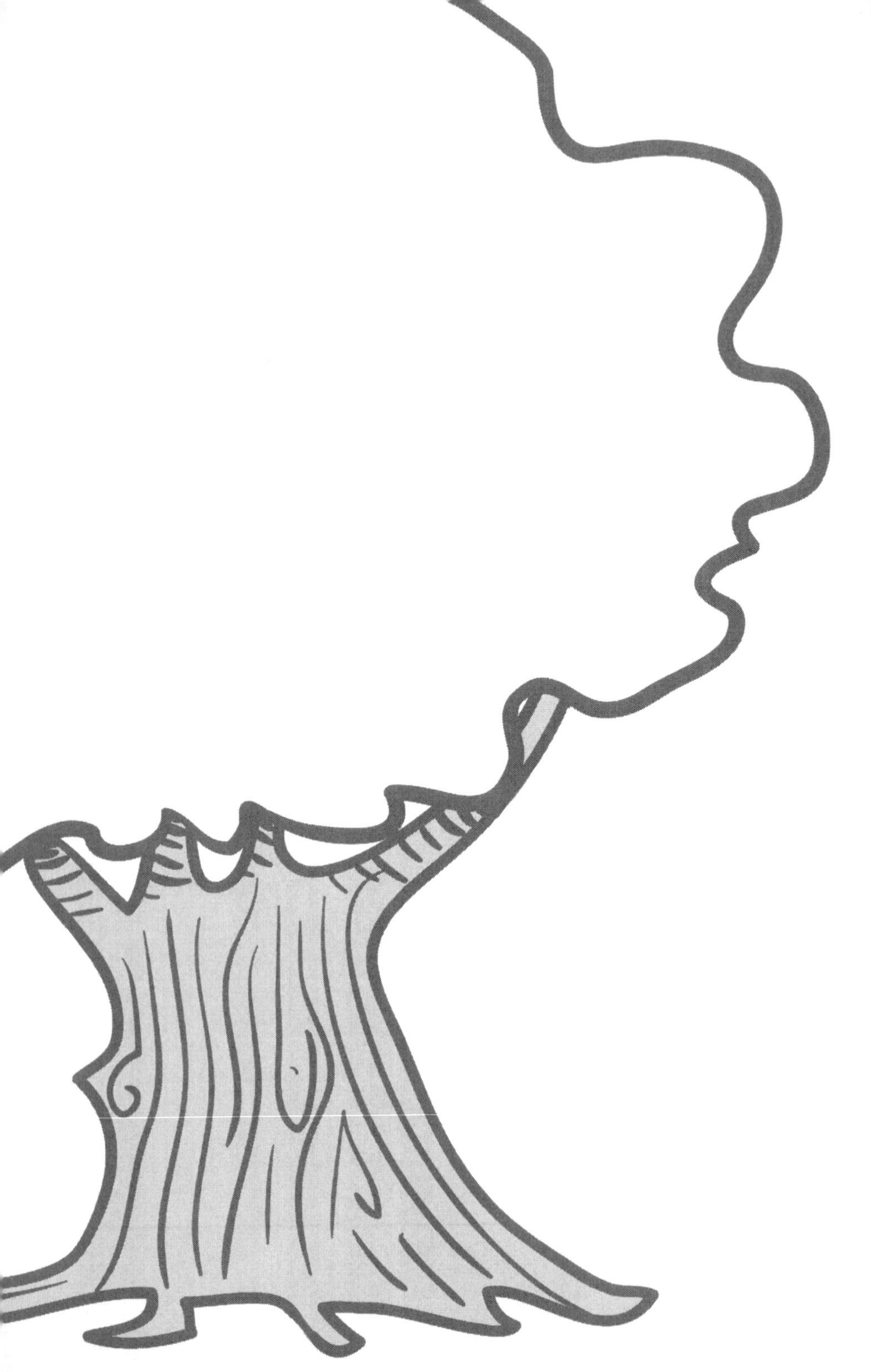

14. Lernwerkstatt

Träume

Übersicht

1. Pantomime- und Ratespiel
2. Wovon träumt ihr?
3. Malt euren schrecklichsten Traum
4. Malt euren schönsten Traum
5. Traumtheater
6. Abschlussspiel
7. Symbol Lernwerkstatt

Ziel der Lernwerkstatt

- innere Einstellung äußern
- Phantasie anregen
- Zusammenarbeit anregen

Benötigtes Material für jedes Kind

- je zwei DIN A4 Blätter
- Bleistift
- Buntstifte

1. **Pantomime- und Ratespiel**
Sie geben die Anweisung, dass sich jeder eine Pantomime zum Thema Essen ausdenkt. *Ihr tut so, als ob ihr etwas esst. Zeigt uns mit eurem Gesichtsausdruck, eurer Mimik, was ihr esst. Die anderen raten, was ihr gerade gegessen habt.* Alle Kinder kommen der Reihe nach dran, auch wenn nicht erraten wurde, was gegessen worden ist.

2. **Wovon träumt ihr?**
Wenn wir schlafen, träumen wir manchmal etwas Schönes und manchmal etwas Schreckliches. Wovon habt ihr in der letzten Zeit geträumt? Lassen Sie die Kinder erzählen, was sie geträumt haben.

3. **Zeichnet euren schrecklichsten Traum**
Sie teilen die Materialien aus und lassen die Kinder ihren schrecklichsten Traum zeichnen. Dann lassen sie die Kinder in der Gruppe ihre Bilder vorstellen und erklären, welche Gefühle dieser Traum ausgelöst hat.

4. **Zeichnet euren schönsten Traum**
Sie teilen die Blätter aus und lassen die Kinder ihren schönsten Traum zeichnen. Anschließend stellen alle Kinder ihre Zeichnungen vor und benennen den jeweiligen Traum und berichten über die Gefühle, die dieser Traum ausgelöst hat.

5. **Traumtheater**
Sie teilen die Kinder in 4er Gruppen ein. Jedes Gruppenmitglied nimmt seine beiden Traumbilder mit in die Gruppe. Die Gruppenmitglieder sprechen sich ab, welchen, der 8 Träume sie als Theaterstück vorspielen wollen. Sie entscheiden in der Gruppe und nur, wenn sie sich nicht einigen können, greifen Sie ein. Ermutigen Sie die Kinder neue Einzelheiten einzubauen, die nicht in der Zeichnung zu sehen sind. Geben Sie den Gruppen Zeit ihr Stück zu proben. Wenn alle fertig sind, führt jede Gruppe ihr Traumtheater vor. Die Zuschauer können anschließend kommentieren. Was hat ihnen gefallen? Was hat ihnen nicht gefallen? Wie war das Ende? Ermutigen Sie die Kinder positive, optimistische

Lösungen zu finden, wenn ihre Traumtheaterstücke nicht schon glücklich geendet haben.

6. **Abschlussspiel**
   Bei der Anweisung für dieses Spiel müssen Sie präzise sein, denn sonst gelingt es nicht.
   Bei diesem Spiel stellen wir uns eng zusammen hintereinander in den Kreis, mit der linken Schulter in die Kreismitte. Wir stehen so eng, dass unser linker Fuß den linken Fuß des vor uns stehenden berührt und wir auch von dem linken Fuß des hinter uns stehenden berührt werden. Dann, auf mein Signal hin, setzen wir uns alle gleichzeitig auf die Oberschenkel der hinter uns stehenden Person. Wenn wir diese Übung richtig gemacht haben, können wir versuchen uns als Gruppe langsam vorwärts zu bewegen.

7. **Symbol Lernwerkstatt**

15. Lernwerkstatt

Meine Wut (1)

Übersicht

1. Namenskreis
2. Wut erleben, Assoziationsspiel
3. Inneres Erleben von Wut
4. Wie beruhigt ihr euch?
5. Zusammenstellen möglicher Beruhigungsstrategien
6. Knotenspiel
7. Symbol Lernwerkstatt

Ziel der Lernwerkstatt

- den Kindern die Möglichkeit geben, ihre Wut zu äußern
- Strategien zur Verarbeitung der Wut entwickeln, um die Wut nicht zu unterdrücken

1. **Namenskreis**
   Fordern Sie die Kinder auf ihren Namen so laut wie sie können zu sagen, anschließend sollen sie ihren Namen laut schreien und an den Namen ein lautes und scharfes A –Ha! anschließen.
   (Maria – A –Ha!)

2. **Wut erleben, Assoziationsspiel**
   Jetzt sollt ihr die folgenden Sätze ohne lange zu überlegen fortsetzen:

   - *Ich bin wütend wie ...*
   - *Wenn ich wütend bin, könnte ich ...*
   - *Ich könnte vor Wut ...*
   - Lassen Sie den Kindern Zeit Assoziationen zu finden, drängen Sie nicht und akzeptieren Sie jede Assoziation. Bewerten Sie keine Assoziation!

3. **Inneres Erleben von Wut**
   Wir sind alle manchmal verärgert und wütend. Das ist ganz normal. Schließt jetzt die Augen und versucht euch zu erinnern, wo in eurem Körper die Wut zuerst entsteht, wohin sie wächst und bis wohin sie reicht.
   Lassen Sie alle Kinder ihre Erfahrungen zum Erleben von Wut erzählen. Machen Sie nochmals klar, dass Wut etwas ganz normales ist und sich keiner dafür schämen muss.

4. **Wie beruhigt ihr euch?**
   Dieser Erfahrungsaustausch erfolgt im Gesamtkreis, nachdem alle Kinder zuvor ihre Wut orten und beschreiben konnten.
   Wenn ihr also wütend seid, wie beruhigt ihr euch selbst? Was macht? Was braucht ihr? Wie könnt ihr euch am leichtesten beruhigen?
   Lassen Sie die Kinder über ihre verschiedenen Strategien erzählen und deren Erfolg oder Misserfolg diskutieren.

5. **Zusammenstellen möglicher Beruhigungsstrategien**
Nachdem alle Kinder erzählt haben wie sie versuchen sich zu beruhigen, wenn sie wütend sind, fassen Sie jetzt die Strategien zusammen und ggf. geben Sie noch eigene Vorschläge dazu.
Lasst uns mal sehen, was wir tun oder tun könnten, wenn wir wütend sind, um diese Wut auszudrücken, aber dabei weder uns noch andere verletzen. Ich stelle euch jetzt mal einige Strategien vor:

- *in Handtuch oder etwas ähnliches ganz fest zusammen drehen*
- *mit dem Handtuch gegen das Bett schlagen, oder auch mit der Hand auf das Bett chlagen und dabei laut schreien*
- *kritzeln, d.h. die Wut auf dem Papier ausleben, oder das, was euch wütend macht zu zeichnen und die Zeichnung voll kritzeln, oder die Zeichnung zerknüllen und weit von sich wegwerfen*
- *laut wie ein Löwe brüllen. Ihr könnt dabei auch den Löwen darstellen, indem ihr euch auf den Boden kniet, den Mund weit aufmacht, die Gesichtsmuskeln entspannt, den Kiefer sanft nach links und rechts bewegt, die Zunge weit ausstreckt und dann beim Ausatmen ein lautes Löwengebrüll von euch gebt*
- *Erinnert ihr euch noch an unsere Entspannungsübung? Ihr atmet im Sitzen langsam ein und aus. Dann stellt euch vor, dass sich euer Körper vom Kopf bis zu den Zehen entspannt. Lasst diese Entspannung wie eine Welle durch euren Körper wandern.*

Wenn die Kinder noch eigene Vorschläge haben, lassen Sie die Kinder ihre Vorschläge vorstellen und dann fassen Sie alle Vorschläge schriftlich an der Tafel zusammen.

6. **Knotenspiel**
Bei diesem Spiel stellen wir uns alle in einen Kreis und fassen uns bei den Händen. Und jetzt verknoten wir uns. Ihr könnt um die anderen herumgehen, unter den Armen durchkriechen und egal was passiert, wir lassen die Hände der anderen unter keinen Umständen los. Und wenn wir uns nicht mehr bewegen können, versuchen wir uns wieder zu entknoten und auch dabei lassen wir die Hände der anderen nicht los.

7. **Symbol Lernwerkstatt**

16. Lernwerkstatt

Meine Wut (2)

Übersicht

1. Stimme der Wut
2. Was kann euch wütend machen?
3. Zeichnet eure Wut und gebt eurer Wut eine Stimme
4. Erwartungen an andere
5. Knotenspiel
6. Symbol Lernwerkstatt

Ziel der Lernwerkstatt

- den Kindern die Möglichkeit geben, ihre Wut zu äußern
- Strategien zur Verarbeitung der Wut entwickeln

Benötigtes Material für jedes Kind

- DIN A4 Blätter
- Bleistifte
- Buntstifte

1. **Stimme der Wut**
   Bitten Sie die Kinder sich einen Laut auszudenken, der am besten ihre Wut ausdrückt. Es könnte ein Zischen : sssssssssssssss oder ein Brüllen: grrrrrrrrrrr sein. Dann lassen Sie alle gemeinsam ihre Stimme der Wut vorführen.

2. **Was kann euch wütend machen?**
   In dieser Gesprächsrunde geben Sie den Kindern Raum und Zeit sich zu Gründen ihrer Wut zu äußern. Sie bitten alle Teilnehmer nichts zu bewerten, sondern nur zuzuhören und sich selber aus dieser Sicherheit heraus zu äußern.

3. **Zeichnet Eure Wut und gebt der Wut eine Stimme**
   Teilen Sie die Materialien aus und geben Sie die Arbeitsanweisung. *Jeder von euch versucht jetzt seine Wut zu zeichnen. Findet die Form und die Farben, die eurer Meinung nach eure Wut am besten darstellen.*
   Lassen Sie den Kindern Zeit ihre Zeichnungen zu beenden. Dann bitten Sie die Kinder ihre Bilder den anderen vorzustellen und zu erklären. Nachdem ein Kind seine Zeichnung präsentiert hat, bitten Sie es in die Rolle der Wut zu schlüpfen und der Wut eine Stimme zu geben. *Ihr seid jetzt eure Wut. Was sagt die Wut über sich? Wie klingt eure Wut? Warum ist sie da?*

4. **Erwartungen an andere**
   Im Gruppengespräch bitten Sie die Kinder sich Gedanken zu machen, was sie von den anderen erwarten, wenn sie wütend sind. *Was hättet ihr gerne und was tun die anderen in Wirklichkeit? Was sollten die anderen tun?* Wenn alle erzählt haben, was sie sich von anderen wünschen, bitten Sie die Kinder sich Gedanken zu machen, wie sie die Reaktion der anderen verändern könnten. *Was könntet ihr tun, damit die anderen anders reagieren?*

5. **Knotenspiel**
   Alle geben sich die Hände und kriechen unter den Arme durch oder klettern über die Arme anderer ohne loszulassen. Wenn sie sich vollkommen „verknotet" haben, lösen sie den „Knoten" wieder auf bis zur Startposition. Wichtig ist, dass sie sich die ganze Zeit an den Händen halten.

6. **Symbol Lernwerkstatt**

17. Lernwerkstatt

Spöttische, beleidigende Spitznamen

Übersicht

1. Welche lustigen Namen mögt ihr?
2. Beleidigende Spitznamen
3. Gefühle und Bedürfnisse des Beleidigten
4. Warum gibt es Spitznamen?
5. Mein Wunsch-Spitzname
6. Spiel: laufende Maus
7. Symbol Lernwerkstatt

Ziel der Lernwerkstatt

Die Kinder sollen lernen, dass

- Spitznamen kränken können
- es wichtig ist auf die Gefühle und Bedürfnisse anderer Rücksicht zu nehmen
- sie mit anderen spielen können, ohne sich gegenseitig zu verletzen oder zu kränken

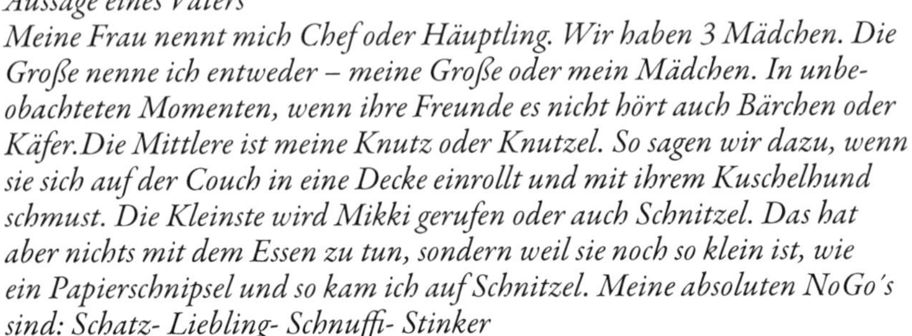

1. **Welche lustigen Namen mögt ihr?**
   Sie lesen den Kindern folgenden Text zu Spitznamen vor. (Sie können sich aber auch einen eigenen Text aussuchen)
   Aussage eines Vaters
   Meine Frau nennt mich Chef oder Häuptling. Wir haben 3 Mädchen. Die Große nenne ich entweder – meine Große oder mein Mädchen. In unbeobachteten Momenten, wenn ihre Freunde es nicht hört auch Bärchen oder Käfer.Die Mittlere ist meine Knutz oder Knutzel. So sagen wir dazu, wenn sie sich auf der Couch in eine Decke einrollt und mit ihrem Kuschelhund schmust. Die Kleinste wird Mikki gerufen oder auch Schnitzel. Das hat aber nichts mit dem Essen zu tun, sondern weil sie noch so klein ist, wie ein Papierschnipsel und so kam ich auf Schnitzel. Meine absoluten NoGo's sind: Schatz- Liebling- Schnuffi- Stinker
   Anschließend bitten Sie die Kinder sich zu lustigen Namen zu äußern. *Welche witzigen Namen kennt ihr?* Lassen Sie die Kinder frei assoziieren.

2. **Beleidigende Spitznamen**
   Es gibt Namen, die wir lustig finden, die andere aber verletzen können. Spitznamen zum Beispiel. Welche Spitznamen mögt ihr nicht? Welche könnten eure Freunde und Freundinnen kränken?
   Sie schreiben alle Spitznamen, die die Kinder nennen an die Tafel. Geben Sie keine Kommentare und bitten Sie die anderen, sich auch nicht zu äußern.

3. **Gefühle und Bedürfnisse des Beleidigten teilen**
   Wenn Sie alle genannten Spitznamen aufgeschrieben haben, fragen Sie die Kinder: *Wie fühlt sich das Kind, das so genannt wird? Z.B. „Dicker" oder „Brillenschlange" Warum glaubt ihr fühlt sich das Kind so? Was glaubt ihr,* wünscht es sich? Sie bitten die Kinder sich in die Rolle des so genannten Kindes zu versetzen. *Stellt euch vor, ihr würdet mit diesem Spitznamen gerufen. Wie fühlt ihr euch dann? Warum habt ihr das Gefühl, wenn ihr so genannt werdet, von den anderen nicht akzeptiert zu werden? Warum möchtet ihr von euren Freunden gemocht und wertgeschätzt werden?*
   Lassen Sie die Kinder Zeit über ihre Gefühle berichten, entweder aus der

Situation heraus, dass sie sich in die Situation des Beleidigten versetzen oder aus eigener erfahrener Betroffenheit.

4. **Warum gibt es Spitznamen?**
Habt ihr eine Idee, warum Kinder anderen beleidigende Spitznamen geben? Lassen Sie die Kinder Gründe finden, warum Kinder andere beleidigen wollen. Dann bringen Sie das Thema nochmals auf Spitznamen allgemein. *Warum glaubt ihr geben sich Kinder überhaupt Spitznamen?* Lassen Sie die Kinder sich zu Spitznamen allgemein äußern. Dann bitten Sie die Kinder sich Gedanken zu machen, wie sie Spaß haben könnten ohne den anderen zu kränken. Weisen Sie darauf hin, dass es wichtig ist, bevor man sich einen Spitznamen für den anderen ausdenkt, nachzufragen wie der andere sich damit fühlt. Und wenn sie bemerkten, dass es für den anderen nicht lustig ist, sollten sie den Spitznamen nicht benutzen.

5. **Mein Wunschspitzname**
Welchen Spitznamen hättet ihr den gerne? Jeder überlegt sich einen Spitznamen für sich selber und erklärt uns, warum er gerne so genannt werden möchte.
Jedes Kind kann sich einen oder mehrere Spitznamen für sich ausdenken und erklären, warum ihm dieser Name gefällt.

6. **Spiel: laufende Maus**
Sie geben die Spielanweisung. Die Kinder stehen im Kreis. Sie sollen sich vorstellen, dass eine kleine Maus in ihrem Kreis von links nach rechts rennt. Wenn die Maus zu einem der Kinder kommt, soll dieses Kind die Maus durchlassen, indem es zuerst den linken und dann den rechten Fuß hochhebt. Erst dann kann die Maus aus dem Kreis verschwinden. Wenn die Spielregel verstanden ist, kann nach einiger Zeit die Geschwindigkeit des Hochhebens der Füße erhöht werden.

7. **Symbol Lernwerkstatt**

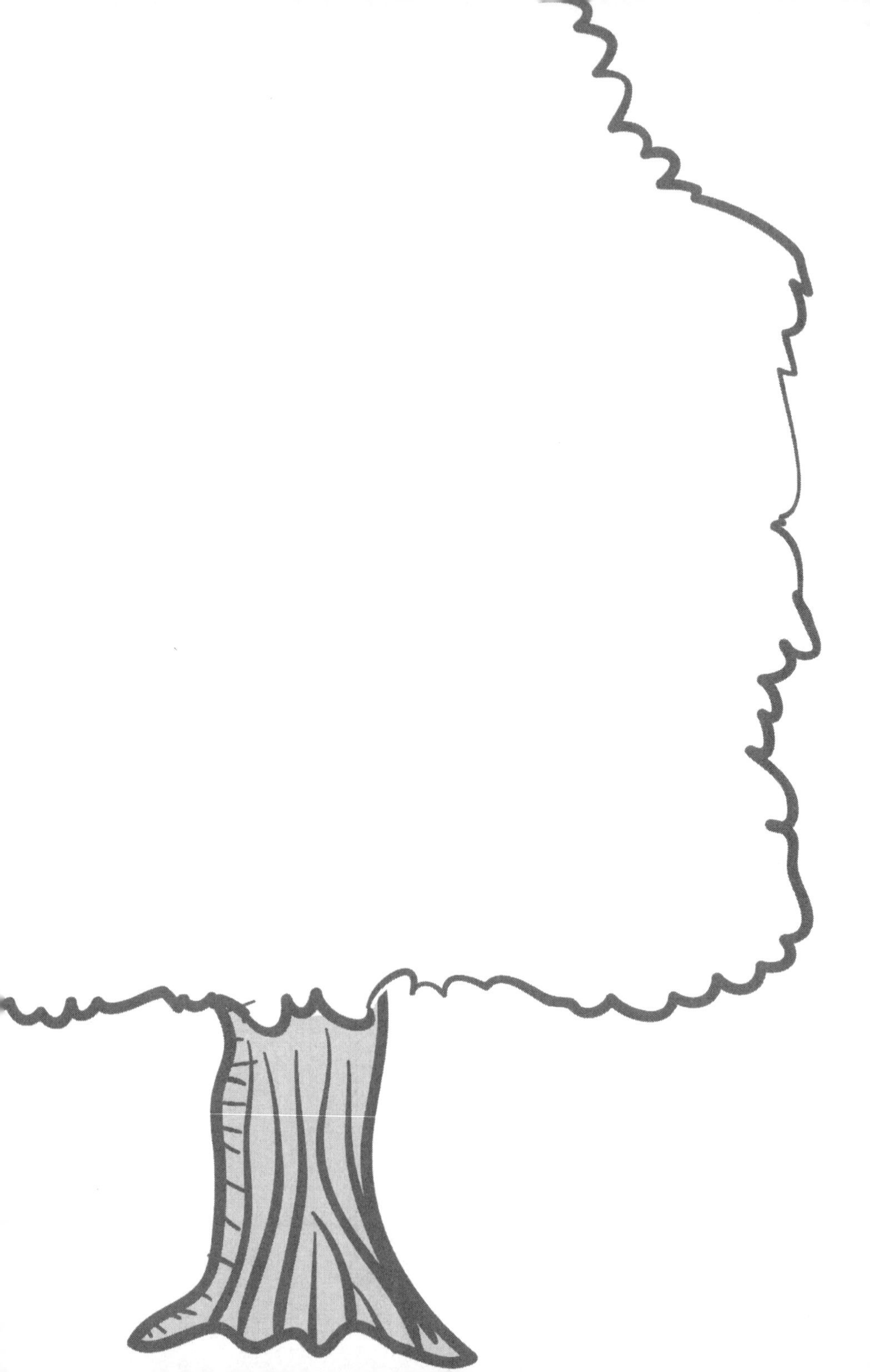

18. Lernwerkstatt

Petzen

Übersicht

1. Rollenspiel: Petzen in der Klasse
2. Rollenspiel: Lösung von Konfliktsituationen
3. Liste störender Verhaltensweisen
4. Zeichnung: Mein Gefühlssymbol
5. Symbol Lernwerkstatt

Ziel der Lernwerkstatt

- die eigenen Gefühle und die Gefühle anderer erkennen
- Verantwortung für das Lösen von Missverständnissen und von Konfliktsituationen mit Gleichaltrigen übernehmen

Benötigtes Material für jedes Kind

- DIN A4 Blätter
- Bleistift
- Buntstifte

1. **Rollenspiel: Petzen in der Klasse**
   Sie teilen die Kinder in 5er Gruppen ein. Vier der Teilnehmer sind die Schüler, der fünfte Schüler ist der Lehrer. Jede Gruppe bekommt die Aufgabe ein Rollenspiel zum Thema Petzen vorzubereiten. Anschließend sollen sie ihr Stück in der Gesamtgruppe vorspielen. Jede Gruppe kann selber entscheiden, warum und wer beim „Lehrer" verpetzt wird. Der „Lehrer" versucht die Kinder zu beruhigen und sie zu versöhnen. Wie der „Lehrer" das macht, ist seine eigene Entscheidung.
   Nach einiger Zeit der Vorbereitung spielen die einzelnen Gruppen ihr Rollenspiel vor und im Anschluss daran fragen Sie wie sich die einzelnen in ihren Rollen gefühlt haben. *Wie fühltest du dich als „Lehrer"? Was hättest du dir von den anderen gewünscht? Wie fühlten sich die „Schüler"? Was hättet ihr euch gewünscht?*
   Anschließend können Sie das Thema „Petzen" folgendermaßen kommentieren: *Petzen wird nicht die störende Situation ändern. Beim Petzen sind alle unzufrieden. Der Lehrer ist unzufrieden, weil seine Schüler Freunde sein sollen und wenn sie sich nicht verstehen, sollten sie eine solche Situation auch selbst lösen können. Könnt ihr euch vorstellen, wie das in eurem Spiel geschehen könnte? Wie ihr die Situation selber lösen könntet?*
   Lassen Sie den Kindern Zeit sich Gedanken über eine mögliche Lösung zu machen.

2. **Rollenspiel: Lösung von Konflikten**
   Die Gruppenzusammensetzung bleibt wie im vorigen Rollenspiel. Dieses Mal sollen sie den vorher gespielten Konflikt lösen, sodass nicht gepetzt wird. Geben Sie den Gruppen Hinweise zu einer möglichen Lösung.

   a. *versucht dem Freund oder der Freundin, deren Verhalten euch stört, zu sagen wie ihr euch fühlt und welche eurer Bedürfnisse nicht erfüllt werden, wenn sie das tut, was euch stört.*
   b. *versucht zu erraten warum er/sie das tut, was er/sie fühlt und braucht. Ihr könnt das überprüfen, indem ihr fragt: „Fühlst du dich ..., weil du ... brauchst? Oder : „Fühlst du dich ..., weil du ... möchtest?"*
   c. *versucht eine Lösung zu finden, die alle eure Wünsche erfüllen, sodass alle zufrieden sind.*

Geben Sie den Gruppen Zeit das Rollenspiel vorzubereiten und lassen es dann vorspielen. Nach jedem Rollenspiel lassen Sie diskutieren, ob sie eine realistische Lösung gefunden haben und wie sie dazu gekommen sind.

3. **Liste störender Verhaltensweisen**
   Die Schüler sollen aufschreiben, welches Benehmen der anderen sie stört. *Erinnert euch an Verhaltensweisen von Mitschülern, die euch nicht gefallen und schreibt sie auf.* Sie schreiben dann alle Aussagen der Kinder auf die Tafel. In der Gruppe wird dann diskutiert, was an den Verhaltensweisen so störend ist und ob alle sich dadurch gestört fühlen.

4. **Zeichnung: Meine Gefühlsymbol**
   Zeichnet ein Zeichen, das euch daran erinnern kann, dem anderen sofort zu zeigen, dass es euch stört, wenn er sich so benimmt. Wie soll dieses Zeichen aussehen? Man soll erkennen, dass das euer persönliches Symbol ist. Nach Fertigstellung der Zeichen stellen die Kinder ihre Symbole vor und erklären, was sie für sie bedeuten und ausdrücken sollen.

19. Lernwerkstatt

Konflikte

Übersicht

1. in wütender Position erstarren
2. Zeichnung: kleine Zauberer
3. meine Konflikte
4. Vorschläge zur Konfliktlösung
5. Rollenspiel: mögliche Konfliktlösungen in einem Märchen oder einer Komödie
6. Spiel: Knotentelefon
7. Symbol Lernwerkstatt

Ziel der Lernwerkstatt

- konstruktive Konfliktlösungen anregen

Benötigtes Material für jedes Kind

- DIN A4 Blätter
- Bleistift
- Buntstifte

1. **In wütender Position erstarren**
   Ihr geht jetzt durch den Raum und dabei stoßt ihr mit anderen aneinander. Auf mein Zeichen hin, bleibt ihr dann wie erstarrt stehen, so wie ein Schneemann. Ihr nehmt dabei eine wütende, verärgerte Haltung ein und bleibt starr stehen, bis ich zu jedem von euch komme, euch aus der Starre erlöse und frage: „Wer bist du gerade? Warum fühlst du dich so?

2. **Zeichnung: kleine Zauberer**
   Sie bitte die Kinder sich vorzustellen, dass sie über Zauberkräfte verfügen und alles tun können und dass sie ihre Lösung zeichnerisch darstellen sollen. *Wie würdet ihr das problematische Verhältnis zwischen Hund und Katze lösen? Ihr könnt euch alles vorstellen! Ihr seid Zauberer! Nichts ist für euch unmöglich!* Jedes Kind soll seine eigene Lösung zeichnen: *Wie können Hund und Katze in Frieden miteinander leben? Wie können sie sich vertragen? Was könnte man ihnen geben?*
   Nach einiger Zeit lassen Sie jedes Kind seine Zeichnung mit Lösungsversuch vorstellen und erklären. Ähnliche Lösungen gruppieren Sie oder lassen die Kinder gruppieren und vergleichen.
   Mögliche Lösungsversuche der Kinder könnten sein: anbinden, einsperren, Zaun zwischen ihnen errichten, einen Mischling aus Katze und Hund schaffen, eine dritte Person als Vermittler hinzu nehmen, von klein auf gemeinsam aufwachsen lassen, einen Zauberstab schaffen, ...
   Versuchen Sie mit den Kindern herauszuarbeiten, dass sich in jedem Konflikt beide Seite ein wenig ändern und dabei auf den anderen Rücksicht nehmen müssen.

3. **Meine Konflikte**
   Mit wem streitet ihr am meisten? Worüber und warum? Sie schlagen den Kindern vor darüber nachzudenken, welche nicht erfüllten Wünsche zu dem Streit beigetragen haben könnten. Was will jeder durch den Konflikt erreichen? Vers*etzt euch auch in die Situation eures Konfliktpartners. Wie fühlt der sich, wenn ihr mit ihm/ihr streitet? Was möchtet ihr und was möchte euer Konfliktpartner erreichen?*
   Diskutieren Sie die Beispiele in der Gruppe mit den Kindern.

4. **Vorschläge zur Konfliktlösung**
Stellen Sie die Frage, wie die Kinder glauben, die Streitsituationen lösen zu können, dass alle Streitenden zufrieden sind. Weisen Sie darauf hin, dass Konflikte meistens so enden, dass einer gewinnt und der andere nachgeben muss, d.h. verliert oder dass beide verlieren oder teilweise verlieren und teilweise gewinnen, also ein Kompromiss gefunden wird und keiner wirklich zufrieden ist.
Bitten Sie die Kinder sich an Streitsituationen zu erinnern und sie, so wie sie stattgefunden hat, vorzuspielen. Anschließend bitten Sie alle Kinder sich eine phantasievolle Lösung für diesen Konflikt auszudenken, so dass alle zufrieden sind, also beide gewinnen und keiner verliert. *Sucht eine typische Streitsituation und dann werden wir alle eine mögliche Lösung finden. Sie bitten* zwei Freiwillige die Streitenden darzustellen und die Zuschauer greifen mit Tipps und Vorschlägen ein, um den Streit zu lösen. Anschließend stellen Sie die Frage, wie es zur Lösung gekommen ist und ob wirklich beide Seiten mit der Lösung zufrieden sind.

5. **Rollenspiel: mögliche Konfliktlösungen in einem Märchen oder einer Komödie**
Bei den Lösungsvorschlägen ist den Kindern aufgefallen, dass es nicht so einfach ist, eine für beide Seiten zufriedenstellende Lösung zu finden. Schlagen Sie den Kindern vor sich eine Lösung in einem Märchen oder einer Komödie auszudenken. In Kleingruppen suchen sich die Kinder einen Konflikt aus und spielen eine mögliche märchenhafte Lösung, denn in einem Märchen ist alles möglich.

6. **Spiel: Knotentelefon**
7 – 8 Kinder bilden einen Kreis, schließen ihre Augen, strecken die Arme aus und versuchen die Hände der anderen zu fassen. Wenn jeder in der Gruppe eine fremde Hand hält, werden die Augen geöffnet und ohne miteinander zu sprechen, versuchen die Kinder sich wieder zu entwirren und wieder einen Kreis zu bilden.

7. **Symbol Lernwerkstatt**

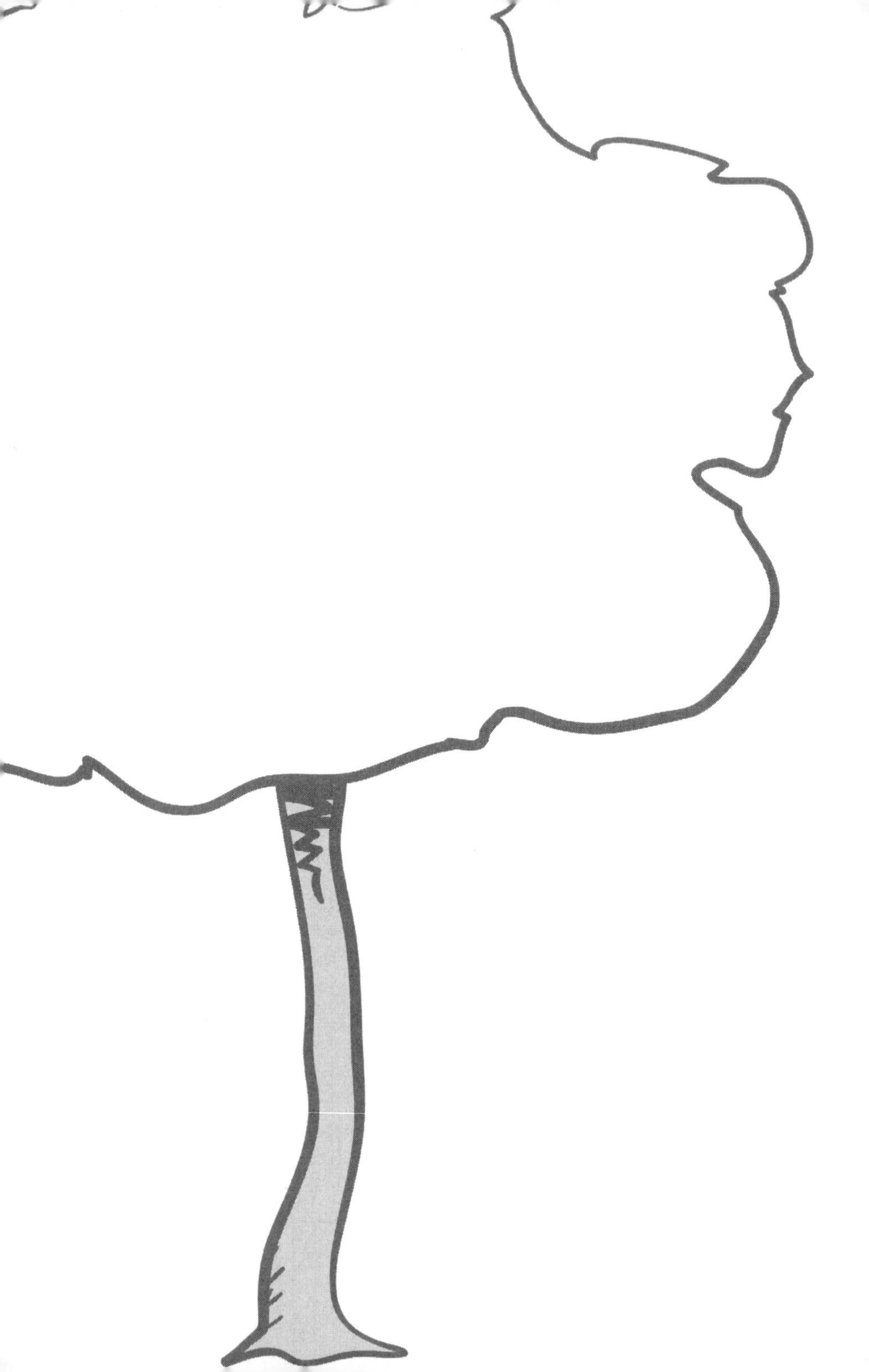

20. Lernwerkstatt

Ängste (1)

Übersicht

1. der „Ungewissheitsspaziergang“
2. Angst erleben (Assoziationsspiel)
3. Inneres Erleben von Angst
4. Strategien gegen Angst
5. Symbol Lernwerkstatt

Ziel der Lernwerkstatt

- den Kindern die Möglichkeit geben sich zu ihren Ängsten zu äußern und sie mit anderen zu teilen
- Strategien zur Bewältigung und nicht zur Unterdrückung der Ängste entwickeln
- die Phantasie anregen
- Austausch und Mitarbeit fördern

Benötigtes Material für jedes Kind

- DIN A4 Blätter mit vorgezeichneten Umrissen einer menschlichen Figur (im Anhang)
- Bleistift
- Buntstifte

1. **der „Ungewissheitsspaziergang“**
   Die Kinder verteilen sich im Raum und halten ungefähr 40–60cm Abstand voneinander. Auf Ihr Zeichen hin bitten Sie alle ihre Augen zu schließen und mit geschlossenen Augen im Raum zu „spazieren“. Hierbei sollen sie nicht reden und die Arme am Körper halten, also nicht vor sich strecken. Sie bitten die Kinder mit kleinen Schritten durch den Raum zu gehen und wenn Sie „Stopp“ sagen, stehen zu bleiben und mit geschlossenen Augen zu erraten wie viele Kinder um sie stehen, wie weit entfernt und wo sie sind. Dabei dürfen sie nicht tasten, sondern nur ahnen.
   Sie fragen die Kinder: *Was meint ihr, gibt es jemanden hinter euch, vor euch, links von euch oder rechts von euch? Die Augen bleiben die ganze Zeit geschlossen.* Nach 20 Sekunden dürfen die Kinder die Augen wieder öffnen und ihre Schätzung überprüfen. Wiederholen Sie diese Übung noch zwei Mal.
   Während des „Ungewissheitsspaziergangs“ achten Sie darauf, dass sich die Kinder frei im Raum bewegen, ob sie die Augen geschlossen halten, sich ggf. gruppieren, sich an andere halten, die Umgebung abtasten, kichern oder flüstern. Macht jemand die Augen auf? Notieren Sie alle Anzeichen von Angst. Wenn alle wieder im Kreis sitzen, erzählen die Kinder, wie es ihnen während des „Spaziergangs“ ging. *Wie habt ihr euch gefühlt? Hatte jemand Angst und wenn ja, wovor? Wie gut habt ihr geschätzt?*

2. **Angst erleben (Assoziationsspiel)**
   Geben Sie Satzanfänge vor und bitten Sie die Kinder die folgenden Sätze zu ergänzen.
   Ergänzt ganz schnell:

   - *Ich habe Angst, wie ein/eine ... (z.B. Ang*sthase)
   - *Ich bin vor Angst .... (z.B. erstarrt)*
   - *Wenn ich Angst habe, könnte ich .... (z.B. schreien)*

3. **Inneres Erleben von Angst**
   Jedes Kind bekommt von Ihnen das DIN A4 Blatt mit der vorgezeichneten Körperkontur. *Wo spürt ihr eure Angst? Zeichnet das in die Figur ein. Wo fängt die Angst an? Wie breitet sie sich aus? Welche Farbe hat sie? Wie groß ist sie? Stellt die Angst mit Farben dar.*
   Bei der Präsentation der Zeichnungen lassen Sie die Kinder zeigen und erzählen wie und wo sie die Angst spüren.
   Fassen Sie anschließend zusammen: *Wenn wir über Angst sprechen, dann meinen wir das Angstgefühl, das uns stört. Es gibt aber auch nützliche und hilfreiche Angst, die uns vor Gefahren warnt. Habt ihr solch hilfreiches Auftreten von Angst schon mal erlebt und könnt ihr es beschreiben?*

4. **Strategien gegen Angst**
   Im Kreisgespräch geben Sie den Kindern die Möglichkeit zu erzählen wie sie es schaffen ihre Angst zu verscheuchen. *Wie verscheucht ihr eure Angst? Wie befreit ihr euch davon?*

5. **Symbol Lernwerkstatt**

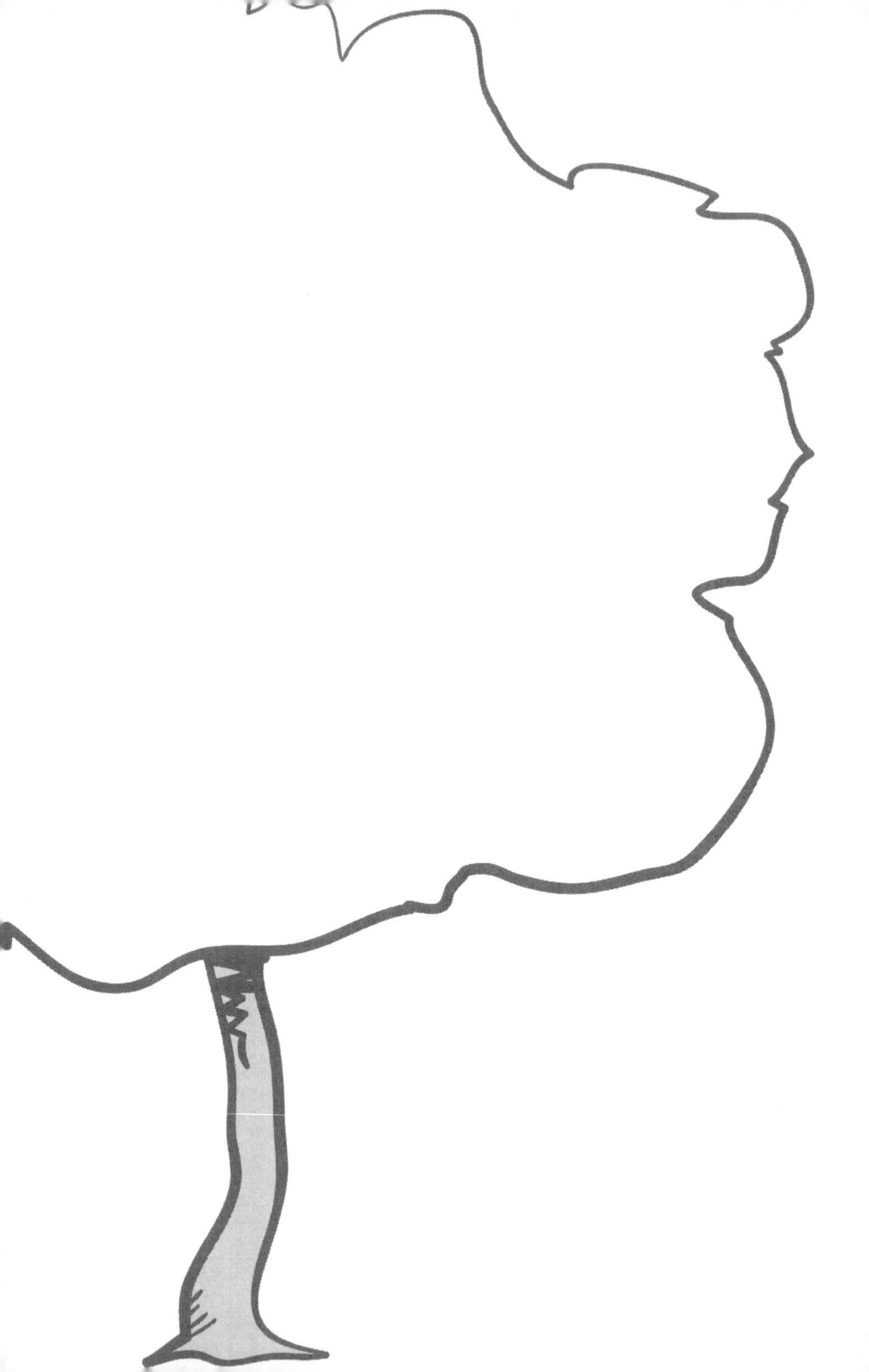

21. Lernwerkstatt

Ängste (2)

Übersicht

1. Namenskreis
2. Wovor habt ihr Angst?
3. Zeichnet eure schlimmste Angst
4. Helfer gegen die Angst erfinden
5. Angstschutzschild herstellen
6. Zoom – BA – Spiel
7. Symbol Lernwerkstatt

Ziel der Lernwerkstatt

- den Kindern die Möglichkeit geben sich zu ihren Ängsten zu äußern und sie mit anderen zu teilen
- Strategien zu Bewältigung und nicht zur Unterdrückung der Ängste entwickeln
- Phantasie entwickeln
- Austausch und Mitarbeit fördern
- ein positives Zugehen auf Probleme entwickeln

Benötigtes Material für jedes Kind

- mindestens zwei DIN A4 Blätter pro Kind
- Bleistift
- Buntstifte

für je 4 Kinder

- ein DIN A2 Bogen Packpapier
- Klebstoff oder Klebeband

1. **Namenskreis**
   Bitten Sie die Kinder sich vorzustellen sie hätten Angst und sie müssten ihren Namen sagen. *Wie würde es sich anhören, wenn ihr in solcher Situation euren Namen sagt? Würdet ihr flüstern? Was würdet ihr fühlen? Versucht ängstlich euren Namen zu flüstern.*

2. **Wovor habt ihr Angst?**
   Schließt die Augen und versucht euch an ein Wesen, eine Sache, ein Erlebnis oder einen Menschen zu erinnern, wovor ihr Angst habt oder was euch Angst gemacht hat. Lassen Sie die Kinder sich ca.1 Minute lang diese Situation vorstellen.

3. **Zeichnet eure schlimmste Angst**
   Im Anschluss daran verteilen Sie die Materialien. *Zeichnet euren schlimmsten Angstauslöser und wenn ihr fertig seid, erzählt ihr uns von eurer Angst.*

4. **Helfer gegen die Angst erfinden**
   Was könnte man tun, um seine störende Angst zu bewältigen? Dafür benutzen wir unsere Phantasie. Schließt die Augen und stellt euch einen Helfer vor, der alles was euch Angst macht vertreibt. Das kann eine Märchengestalt sein, jemand, den ihr kennt oder jemand, den ihr erfindet, oder eine Sache oder Gegenstand, der die Angst vertreibt. Ihr könnt euch alles ausdenken.
   Wichtig ist auch euch zu überlegen wie ihr den Helfer herbeirufen könnt, wenn ihr ihn braucht. Wer oder was ist euer Helfer?
   Lassen Sie den Kindern Zeit sich einen Helfer auszudenken und dann stellt jeder seinen Helfer vor und sagt, was er kann und wie es ihm gelingt, ihre Angst zu vertreiben.

5. **Angstschutzschild herstellen**
   Sie teilen die Kinder in 4er Gruppen ein und erklären ihnen, dass sie sich ein Schutzschild gegen die Angst konstruieren sollen. *Zeichnet in euren Schutzschild alles hinein, was euch Angst macht und fügt ihnen etwas Lustiges hinzu, damit die Angst komisch wird und ihr lachen könnt. Oder ihr zeichnet euren Helfer mit auf den Schild. Ihr entscheidet wie euer*

Schutzschild aussieht. Jede Gruppe bekommt einen Bogen Packpapier und in der Gruppe wird entschieden, ob jeder eine Ecke bemalt oder ob sie gemeinsam alles hineinzeichnen. Sie können aber auch den Kindern den Vorschlag machen, dass jeder erst auf ein DIN A4 Blatt sein Bild zeichnet und das dann auf den Schutzschild klebt.
Wenn alle ihren Schutzschild fertiggestellt haben, wird in der Gruppe entschieden, wer das Ergebnis in der Gruppe präsentiert

6. **ZOOM-BA-Spiel**
   Die Spielregel ist folgende: Alle stehen oder sitzen im Kreis. Einer beginnt und sagt zu seinem rechts von ihm sitzenden Nachbarn „ZOOM“ Der gibt das Wort an seinen Nachbarn weiter: „ZOOM“. Das kann solange weiter gehen bis einer „BA“ sagt. Von da an verläuft der Kreis mit „ZOOM“ im umgekehrter Richtung bis wieder jemand „BA“ sagt.

7. **Symbol Lernwerkstatt**

22. Lernwerkstatt

Traurigkeit

Übersicht

1. Wir zeichnen ein trauriges Gesicht!
2. Inneres Erleben von Traurigkeit
3. Was macht ihr, wenn ihr traurig seid?
4. Was bedeuten Tränen?
5. Sich selbst zulächeln
6. Strategien gegen Trauer und was können andere tun?
7. Denkmal der Trauer zu einem Denkmal der Fröhlichkeit umformen
8. Abschluss
9. Symbol Lernwerkstatt

Ziel der Lernwerkstatt

- den Kindern die Möglichkeit geben sich zu ihrer Traurigkeit zu äußern und sie mit anderen zu teilen
- Strategien zur Bewältigung der Traurigkeit entwickeln
- Austausch und Mitarbeit fördern

Benötigtes Material für jedes Kind

- DIN A4 Blätter mit vorgezeichneten Umrissen einer menschlichen Figur (im Anhang)
- Bleistift
- Buntstifte

für den Moderator

- Fotoapparat

1. **Wir zeichnen ein traurigen Gesichts**
   Jedes Kind zeichnet ein trauriges Gesicht und stellt es in der Gruppe vor. *Was macht euch traurig?* Die Kinder berichten wann und warum sie manchmal traurig sind.

2. **Zeichnung: Inneres Erleben von Traurigkeit**
   Wo im Körper empfindet ihr Trauer? Welche Farbe hat sie? Wie sieht sie aus? Die Kinder zeichnen in die Umrisse einer menschlichen Figur den Ort, an dem sie Traurigkeit empfinden.
   Nach Fertigstellung der Bilder stellen sie ihre Zeichnung im Plenum vor und erklären ihre Wahl des Ortes und der Farbe.

3. **Was macht ihr, wenn ihr traurig seid?**
   Lassen Sie die Kinder erzählen, was sie tun, wenn sie traurig sind. *Wollt ihr alleine sein oder wollt ihr, dass jemand bei euch ist?*

4. **Was bedeuten Tränen** für euch?
   Lassen Sie die Kinder erzählen, wann und warum sie manchmal weinen. *Weint ihr leicht? Was passiert, wenn ihr weint? Wann habt ihr das letzte Mal geweint?*
   Die Kinder erzählen von ihren Erfahrungen.
   Erklären Sie den Kindern, dass Weinen und Tränen für die Gesundheit des Körpers wichtig sind, entspannen und beruhigen.
   Ihr Kommentar: *Tränen haben zwei verschiedene Aufgaben. Einerseits tränt euer Auge, wenn euch z.B. Staub in die Augen kommt. So wird euer Auge geschützt, dass es nicht zur Verletzungen des Auges kommt. Zum anderen kommen Tränen bei starken Gefühlen, wie Trauer, Schmerzen, Wut, aber auch aus Freude und wenn wir lachen. Das habt ihr ganz bestimmt auch alle schon mal erlebt.*

5. **Sich selbst zulächeln!**
   Geben Sie den Kindern die Anweisung die Augen zu schließen und zu lächeln, bis sie es beenden. Achten Sie bei dieser Übung darauf, dass die Kinder wirklich die Mundwinkel nach oben ziehen. Lassen Sie die Kinder 1 Minute lächeln. Danach fragen Sie die Kinder, wie sie sich jetzt fühlen. Anschließend geben Sie den Kindern eine Erklärung, warum Wissenschaftler glauben, dass das Hochziehen der Mundwinkel die Stimmung aufhellt.

Ihr Kommentar: *In Experimenten haben Wissenschaftler festgestellt, dass Lächeln, also das Hochziehen der Mundwinkel, auch wenn einem nicht zum Lächeln war, die Stimmung eindeutig verbessert. Dieselben Wissenschaftler haben auch festgestellt, dass ein Schmollmund, also heruntergezogene Mundwinkel, die Laune sinken lassen.*

6. **Strategien gegen Trauer und was können andere tun?**
   Lassen Sie die Kinder erzählen, was sie tun, wenn sie traurig sind und was sie sich in solchen Situationen von ihren Eltern oder Freunden wünschen.

7. **Denkmal der Traurigkeit zu einem Denkmal der Fröhlichkeit umformen**
   Sie teilen die Kinder in zwei Gruppen ein. Die erste Gruppe modelliert sich selbst zu Denkmälern der Traurigkeit. Sie nehmen die für sie typische Haltung von Traurigkeit an und bleiben so stehen. Die zweite Gruppe hat die Aufgabe als Bildhauer die Denkmäler umzuformen zu Denkmälern der Fröhlichkeit. Sie können die Statuen so lange verändern, bis sie eine fröhliche Haltung angenommen haben. Sie können dafür die Beine, Arme, Köpfe der Statuen bewegen. Jeder Bildhauer bearbeitet jede Statue und darf an jeder Statue **nur eine Veränderung** vornehmen. Die Statuen bleiben erstarrt stehen wie sie von den Bildhauern geformt wurden. Das ganze dauert ungefähr 7 Minuten. Nach dem ersten Durchgang werden die Rollen getauscht.
   Nach ungefähr 15 Minuten treffen sich alle zum Gedankenaustausch im Kreis. *Wie habt ihr euch als Bildhauer und wie habt ihr euch als Denkmal gefühlt? Hat sich eure Laune verändert? Wenn ja, wann ist das geschehen?*

8. **Abschluss**
   Alle Kinder stellen sich zusammen zu einem Denkmal der Fröhlichkeit und wenn alle mit dem Ergebnis zufrieden sind, fotografieren Sie dieses „Denkmal“.

9. **Symbol Lernwerkstatt**

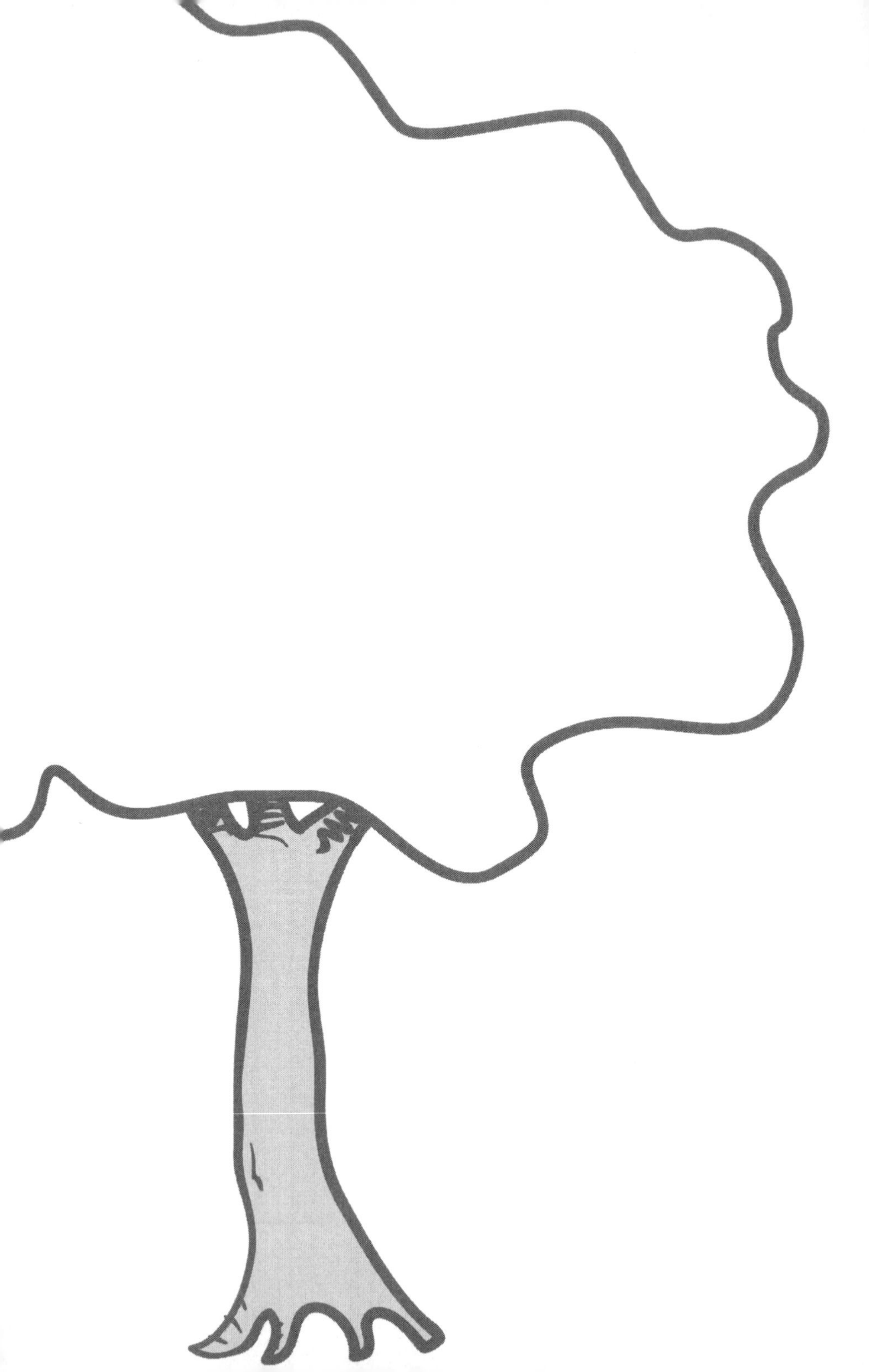

23. Lernwerkstatt

Meine Wünsche

Übersicht

1. Körpersprache
2. eigene Strategien zur Erfüllung der Wünsche
3. Zeichnung: Wunscherfüllung durch eine Fee
4. Wünscheplakat
5. Zeichnung: Zaubermaschine
6. Abschlussrunde
7. Symbol Lernwerkstatt

Ziel der Lernwerkstatt

- Entwicklung von positiven Gefühlen anregen
- Phantasie anregen

Benötigtes Material

- Plakat

für jedes Kind

- je 2 DIN A4 Blätter
- Bleistift
- Buntstifte

1. **Körpersprache**
Die Kinder wissen mittlerweile schon, dass sie mit ihrem Körper ihre Stimmung und ihre Gefühle für andere sichtbar ausdrücken können. Bei dieser Übung bitten Sie ein Kind vor der Gruppe durch Bewegungen auszudrücken wie es sich fühlt und die anderen ahmen zeitgleich die Bewegungen, die Körperhaltung und den Gesichtsausdruck nach. Wenn die Körpersprache verstanden und das Gefühl erraten wurde, übernimmt ein anderes Kind die Aufgabe sich mit Körpersprache verständlich zu machen.

2. **eigene Strategien zur Erfüllung der Wünsche**
Was macht ihr, um das zu bekommen, was ihr euch wünscht? Wie bittest du deine Eltern dazu, das zu tun, was du dir wünschst? Die Kinder erzählen von ihren Erfahrungen und vergleichen ihre Strategien.

3. **Zeichnung: Wunscherfüllung durch eine Fee**
Schließt die Augen. Stellt euch vor ihr hättet eine Wunschfee getroffen. Was würdet ihr euch von ihr wünschen? Wenn ihr wisst, was ihr euch wünscht, öffnet die Augen und zeichnet euren Wunsch. Nach Fertigstellung der Bilder stellen die Kinder ihre Bilder und ihre Wünsche vor.

4. **Wünscheplakat**
Nachdem alle Kinder ihre Wunschbilder vorgestellt und erklärt haben, sollen die Kinder ihre Wunschbilder auf ein Plakat kleben. Wenn ähnliche oder sich ergänzende Wünsche gemalt worden sind, sollen die Kinder die zusammenhängend gruppieren.

5. **Zeichnung: Zaubermaschine**
Schließt wieder die Augen und stellt euch eine Zaubermaschine vor, die eure Wünsche erfüllen kann. Wie sieht diese Maschine aus? Was kann sie alles? Welche Wünsche erfüllt sie? Wie wird sie ein und wie wird sie ausgeschaltet? Seid ziemlich genau. Wenn ihr euch die Maschine genau vorgestellt habt, öffnet wieder die Augen und dann zeichnet sie. Nach Fertigstellung der Bilder erklärt jeder, was seine Maschine alles kann.

6. **Abschlussrunde**
   In der ersten Runde vervollständigt ihr erst meinen Satz: „Wenn ich glücklich bin, könnte ich ....“ und in der zweiten Runde stellt ihr das in Körpersprache dar.

7. **Symbol Lernwerkstatt**

24. Lernwerkstatt

Wie ich mich und wie andere mich sehen

Übersicht:

1. Welche Töne kann du mit deinem Körper machen?
2. Selbstbildnis mit Gefühlswolke
3. Vergleich Selbstbildnis Lernwerkstatt 2 mit Lernwerkstatt 24
4. Zeichnung: Ich als Erwachsener
5. Was magst du an dir? Was mögen andere an dir?
6. Vertrauensübung
7. Symbol Lernwerkstatt

Lernziel der Lernwerkstatt

- die Kinder werden sich ihrer selbst bewusst
- sie erkennen ihre Qualitäten
- sie erkennen ihre Eigenartigkeit
- sie erkennen die Ähnlichkeiten und Unterschiede zu anderen

Benötigtes Material für jedes Kind

- je zwei DIN A4 Blätter
- Bleistift
- Buntstifte

1. **Welche Töne kannst du mit deinem Körper machen?**
   Stellen Sie die Frage und warten Sie ab, was den Kindern dazu einfällt. Nach kurzer Zeit werden die Kinder Töne aufzählen wie: Fingerschnippen, Klatschen, Stampfen, usw. Jedes mal, wenn ein Kind einen Ton nennt und vormacht, wiederholen alle diesen Ton. Warten Sie ab, bis den Kindern nichts mehr einfällt.

2. **Selbstbildnis mit Gefühlswolke**
   Bei diesem Selbstbildnis soll jeder erkennen, dass du das bist. Wenn die Kinder ihr Selbstportrait beendet haben, sagen Sie: *So jetzt zeichnet ihr eine Gefühlswolke in das Bild, so wie eine Sprechblase in einem Comic. Und in diese Gefühlswolke schreibt oder zeichnet ihr, wie ihr euch heute fühlt, in welcher Stimmung ihr seid und nehmt dazu die Farben, mit denen ihr glaubt das ausdrücken zu können was ihr fühlt. Wenn sich eure Laune seit heute morgen verändert hat, drückt das mit Farben aus.* Lassen Sie den Kindern Zeit ihre Portraits zu beenden.

3. **Vergleich: Selbstbildnis Lernwerkstatt 2 mit Lernwerkstatt 24**
   Sie teilen die Selbstportraits aus der Lernwerkstatt 2 aus und bitten die Kinder beide Portraits nebeneinander vor sich zu legen und sich zu folgenden Fragen zu äußern: *Hat sich etwas verändert? Und wenn ja, was hat sich in den letzten Wochen verändert? Und warum glaubt ihr, hat sich etwas verändert?*

4. **Zeichnung: Ich als Erwachsener**
   Wie möchtest du aussehen, wenn du groß bist? Was soll sich an dir ändern? Die Kinder präsentieren ihre Bilder und erklären, was sie sich vorstellen.

5. **Was magst du an dir? Was mögen andere an dir?**
   Zuerst lassen Sie die Kinder im Kreisgespräch erzählen was sie an sich mögen. Dann stellen Sie die Frage, was die Kinder glauben, was ihre Eltern, ihre Väter und ihre Mütter an ihnen mögen. Abschließend fragen Sie, was ihre Freunde an ihnen mögen.
   Bestenfalls wird bei dieser Gegenüberstellung klar, dass jeder andere Eigenschaften an einem mag oder nicht mag.

6. **Vertrauensübung**
   In Paaren stehen die Kinder Rücken an Rücken. Sie verschränken sich mit den Ellenbogen und gehen gemeinsam in die Hocke und stehen wieder auf.

7. **Symbol Lernwerkstatt**

25. Lernwerkstatt

Freundschaft

Übersicht

1. Spiel zum Aufwärmen
2. Assoziationsspiel: Freundschaft ist, wenn ...
3. Assoziationsspiel: Es ist keine Freundschaft, wenn ...
4. Umrisszeichnung – Partnerarbeit
5. Der geheime Freund
6. Symbol Lernwerkstatt

Ziel der Lernwerkstatt

- den Begriff Freundschaft weiterentwickeln
- neue Freundschaften knüpfen

Benötigtes Material für jedes Kind

- einen großen Bogen Packpapier (in Kindesgröße)

für den Moderator

- gefaltete Zettel mit den Namen aller Kinder (ein Zettel pro Kind)

1. **Spiel zum Aufwärmen**
   Bei dieser Übung sollen die Kinder einen ungewöhnlichen Gesichtsausdruck ihres Nachbarn nachahmen, dann ändern und so verändert an den nächsten weiter schicken. Der übernimmt dann diesen Gesichtsausdruck, verändert ihn und schickt ihn wieder weiter. Diese Übung endet, wenn sie von allen Kindern durchgeführt worden ist.

2. **Assoziationsspiel: Freundschaft ist, wenn ...**
   Im ersten Durchgang beendet jeder von euch diesen Satz: Freundschaft ist, wenn ... und in der zweiten Runde danach nennt ihr eure Meinung oder Erfahrungen zum Thema Freundschaft. Lassen Sie alle Kinder an diesem Assoziationsspiel teilnehmen.

3. **Assoziationsspiel: Es ist keine Freundschaft, wenn ...**
   Führt diesen Satz zu Ende und nennt dann Situationen und Verhaltensweisen, die das Fehlen von Freundschaft oder das Gegenteil davon ausdrücken. Alle Kinder nehmen an diesem Assoziationsspiel teil.

4. **Umrisszeichnung**
   Zuerst bilden die Kinder Paare. Dann sollen sie ihre Körperumrisse auf große Packpapierbögen zeichnen. Dafür legt sich ein Kind auf das Papier, sein Partner zeichnet seinen Umriss und umgekehrt. Jeder schreibt seinen Namen in seinen Körperumriss und dann legen alle Kinder ihre Umrisszeichnungen im Raum verteilt auf den Boden. *Jeder von euch schreibt oder zeichnet in jede Umrisszeichnung eine freundliche und persönliche Nachricht.* Lassen Sie den Kindern Zeit sich eine persönliche Nachricht zu überlegen und geben Sie anschließend genügend Zeit sich ihre beschriebenen Umrisszeichnungen anzusehen.

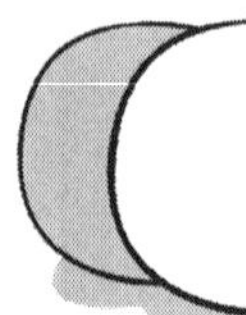

5. **Der geheime Freund**
   Spielanleitung für der das Spiel „der geheime Freund“. *Jeder von euch wird einen Zettel mit dem Namen eines anderen Kindes ziehen. Ich habe die Zettel schon vorbereitet. Dieses Kind, dessen Namen ihr zieht, wird euer geheimer Freund. Bis zur nächsten Lernwerkstatt sollt ihr eurem geheimen Freund mindestens eine Freude bereiten ohne dass derjenige erfährt wer es war. Ihr könnt auch andere Kinder als Boten einsetzen oder die kleinen Geschenke an seinem Sitzplatz hinterlassen mit der Aufschrift „vom geheimen Freund“.*
   Lassen Sie die Kinder einen Zettel mit einem Namen ziehen. *Wenn jemand seinen eigenen Namen zieht, legt ihr den Zettel wieder gefaltet zurück und zieht nochmal. Den Zettel dürft ihr niemandem zeigen, sonst macht das ganze Spiel keinen Sinn.*

6. **Symbol Lernwerkstatt**

26. Lernwerkstatt

Der geheime Freund

Übersicht

1. Aufwärmspiel
2. Aufdeckung des geheimen Freundes
3. Austausch zu den Erfahrungen
4. Ideensammlung: Wie kann man anderen eine Freude bereiten?
5. Spiel: Figurenstellen
6. Symbol Lernwerkstatt

Lernziel der Lernwerkstatt

- Kinder zum Geben und Nehmen von Fürsorge und Aufmerksamkeit motivieren

Benötigtes Material

- ein Band, um die Augen zu verbinden

1. **Aufwärmspiel:**
Übertrage und ändere den Laut
Sie erklären den Kindern diese Übung. Jemand produziert ein ungewöhnliches Geräusch, z.B. ein Jaulen, Quietschen, Glucksen oder etwas Ähnliches und übergibt dieses Geräusch an seinen Nachbarn, dabei kann er/sie eine Geste der Übergabe machen. Der so „Beschenkte" wiederholt das erhaltenen Geräusch und fügt sein eigenes Geräusch hinzu und „schenkt" das an seinen Nachbarn weiter bis alle im Kreis empfangen und weitergegeben haben.

2. **Aufdeckung des geheimen Freundes**
Alle sitzen im Kreis. Sie bitten ein Kind sich in die Mitte des Kreises zu stellen und die Augen zu schließen und sie verbinden ihm/ihr die Augen. Dann bitten Sie den geheimen Freund auch in den Kreis zu treten. *Keiner redet, auch die außen sitzenden Kinder bleiben stumm. Ihr kennt alle das Blinde Kuh Spiel. Hier ist das so ähnlich. Du versuchst durch Berühren herauszufinden, wer dein geheimer Freund ist.* Wenn der geheime Freund erkannt wird, werden die Rollen getauscht. Der erkannte geheime Freund muss jetzt seinen geheimen Freund erkennen. Das wird solange fortgesetzt, bis jedes Kind seinen geheimen Freund erkannt hat.

3. **Austausch zu den Erfahrungen**
Lassen Sie die Kinder von der zwischen den beiden Werkstätten liegenden Zeit erzählen. *Habt ihr gemerkt, dass ihr einen geheimen Freund habt? Wie habt ihr euch gefühlt, wenn von ihm überrascht wurdet? Und wie habt ihr euch gefühlt, als ihr eurem geheimen Freund eine Freude gemacht habt? Was hat euch dazu gebracht gerade dieses Geschenk auszusuchen?* Geben Sie allen Kindern genügend Zeit sich zu ihren Gefühlen während dieser Zeit zu äußern.

4. **Ideensammlung: Wie kann man anderen eine Freude machen?** Überlegt wie könntet ihr euren Eltern, *Verwandten oder euren Geschwistern eine Freude machen? Wen wollt ihr überraschen? Welchen Spaß habt ihr davon, wenn der andere völlig überrascht ist?* Die Kinder machen Vorschläge und teilen dann der Gruppe mit für welche Überraschung sie sich entschieden haben und wem sie eine Freude machen wollen.

5. **Spiel: Figurenstellen**
Alle Kinder stehen in einem Kreis. Sie stehen in der Mitte. *Ich sage jetzt zu einem von euch* Elefant *und er und seine beiden Nachbarn sollen versuchen die Figur dazu zu erschaffen. Wie ihr das macht, ist euch überlassen, aber es muss ziemlich schnell gehen.* Sie zeigen auf ein Kind und sagen Elefant. Wenn die Gruppe ihre Figur gestellt hat, sagen sie zu einem anderen Kind: **Palme,** die Spielregel bleibt die gleiche. Seine beiden Nachbarn bilden mit ihm zusammen die Figur. So benennen Sie nach und nach alle Kinder entweder als Elefant oder als Palme.

6. **Symbol Lernwerkstatt**

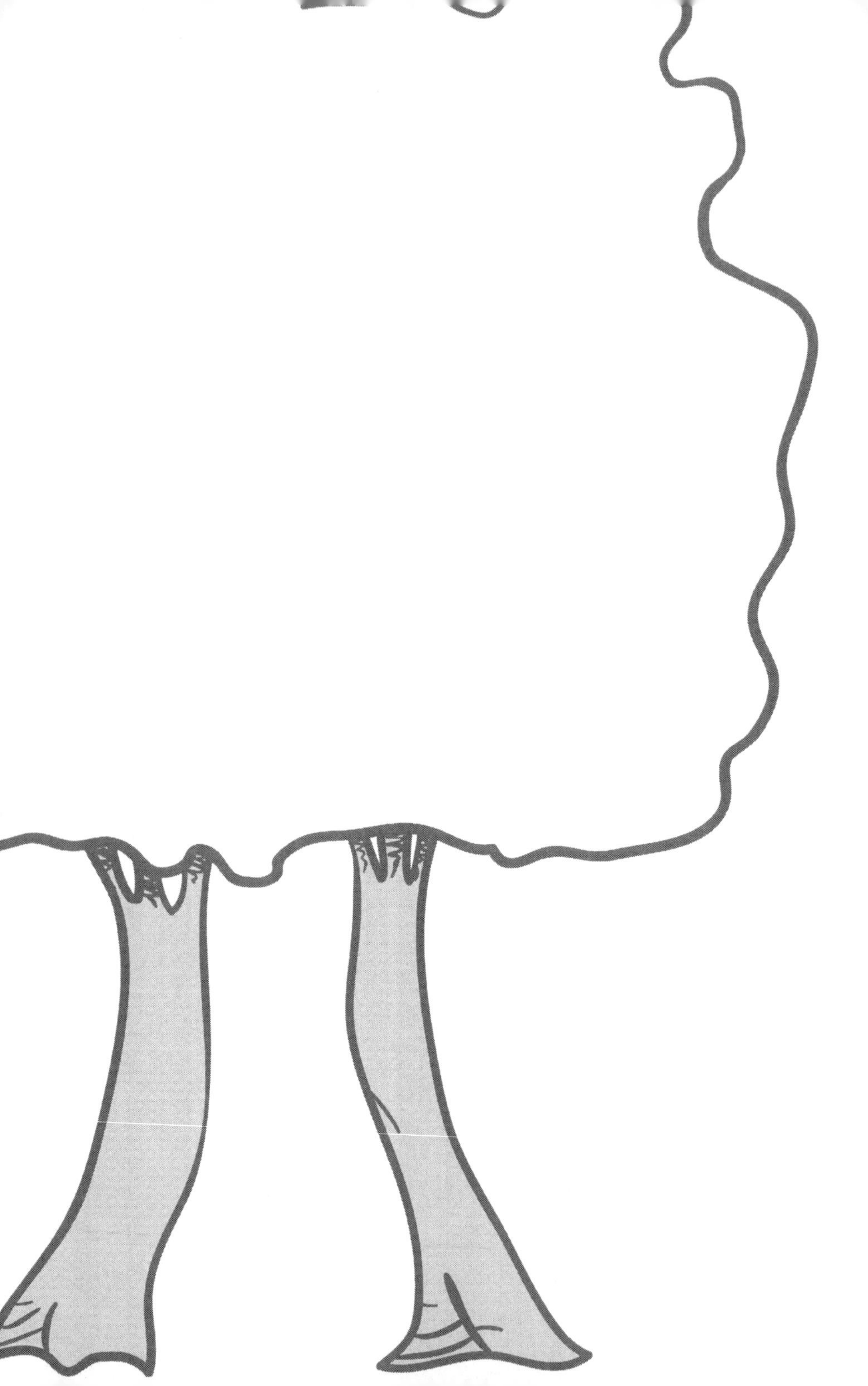

27. Lernwerkstatt

Liebe

Übersicht

1. Namenskreis
2. Assoziationsspiel: Liebe ist, wenn ...
Es ist keine Liebe, wenn ...
3. Liebe zeigen
4. Inneres Erleben des Gefühls Liebe
5. Liebesbeweise
6. Abschlussspiel
7. Symbol Lernwerkstatt

Ziel der Lernwerkstatt

- sie sollen das Gefühl Liebe und die Erfahrung von Liebe unterscheiden und ausdrücken können

Benötigtes Material für jedes Kind

- DIN A4 Blätter mit vorgezeichneten Umrissen einer menschlichen Figur (im Anhang)
- Bleistift
- Buntstifte

1. **Namenskreis**
   Dieses Mal sagt ihr euren Namen sanft und liebevoll.

2. **Assoziationen: Liebe ist, wenn ... Es ist keine Liebe, wenn ...**
   Was fällt euch zu diesen beiden Sätzen ein? Vervollständigt sie so wie es für euch richtig erscheint.

3. **Liebe zeigen**

   - *Wie würdet ihr Liebe ausdrücken, wenn ihr sie*
   - *nur mit den Augen*
   - *nur mit dem Mund*
   - *mit dem ganzen Gesicht*
   - *mit den Händen*
   - *mit dem ganzen Körper ausdrücken könntet?*

   Geben Sie den Kindern Zeit sich zu überlegen, wie sie das ausdrücken könnten, und lassen Sie sich auch untereinander beraten, ob dieser Ausdruck auch als Ausdruck von Liebe verstanden wird.

4. **Inneres Erleben des Gefühls Liebe**
   Wo empfindet ihr das Gefühl Liebe im Körper? Welche Form hat sie? Welche Farbe hat sie? Wie sieht sie aus? Die Kinder bekommen die vorgezeichneten Umrisse eines menschlichen Körpers und zeichnen das Gefühl Liebe an die für sie passende Stelle ein. Anschließend stellen die Kinder ihre Zeichnungen den anderen vor und begründen ihre Form- und Farbwahl.

5. **Liebesbeweise**
   Wie sollen andere euch zeigen, dass sie euch lieben? Wie zeigt euer Vater, eure Mutter, eure Freunde es und was würdet ihr euch wünschen?

6. **Abschlusskreis**
   Sagt etwas Nettes zu eurem Nachbarn.

7. **Symbol Lernwerkstatt**

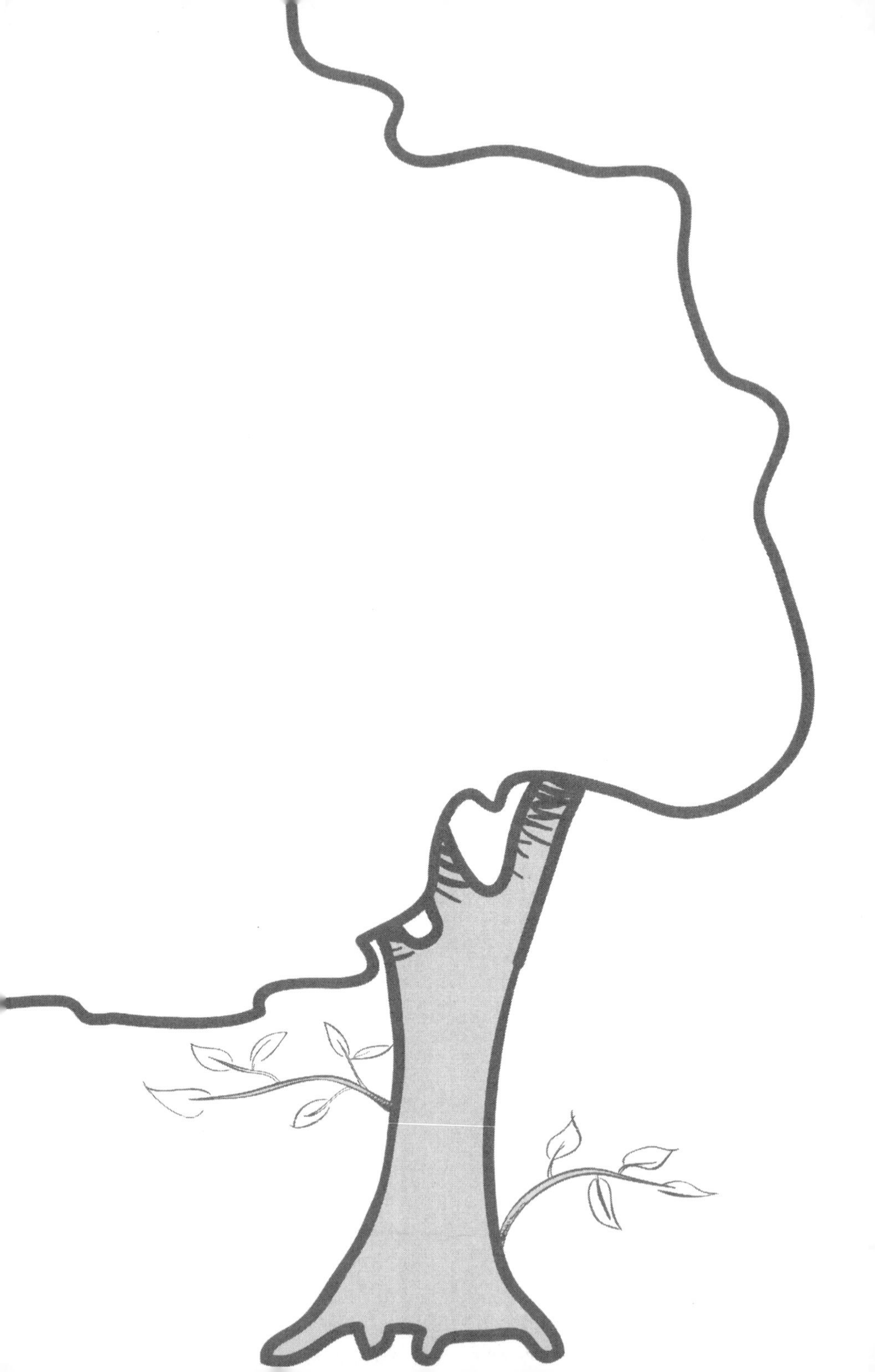

28. Lernwerkstatt

Kinderrechte

Übersicht

1. Namenskreis Nr. 1
2. Namenskreis Nr. 2
3. Haben Kinder Rechte? Und welche?
4. Welche eurer Rechte werden nicht respektiert?
5. Wie können Kinder ihre Kinderrechte bei Erwachsenen durchsetzen?
6. eine Verwarnungskarte
7. Abschlussspiel
8. Symbol Lernwerkstatt

Ziel der Lernwerkstatt

- Kinder werden sich ihrer Rechte bewusst
- sie finden heraus, wie sie ihre Rechte geltend machen können
- angenehme Gefühle werden angeregt und gefördert

Benötigtes Material für jedes Kind

- DIN A4 Blätter
- Bleistift
- Buntstifte

1. **Namenskreis Nr.1**
   Steigerung der Lautstärke. Der erste sagt seinen Namen leise, der nächste etwas lauter, der nächste noch lauter bis das letzte Kind seinen Namen laut heraus brüllt.

2. **Namenskreis Nr.2**
   Dieses Mal schreit das erste Kind seinen Namen laut heraus und mit jedem Kind nimmt die Lautstärke ab, bis das letzte Kind seinen Namen fast flüstert.

3. **Haben Kinder Rechte? Und wenn ja, welche?**
   Die Kinder nennen alle Rechte, von denen sie glauben, dass es sich im Kinderrechte handelt. Sie diskutieren miteinander und stellen eine Liste der Rechte zusammen.
   Dann stellen sie eine Rangfolge der Rechte auf. Sie helfen ihnen dabei, wenn es nötig ist.
   Eine solche Rangfolge könnte sein:
   Ein Kind hat das Recht zu spielen - zu essen was es mag - -mit denen Zeit zu verbringen, die es mag - seine eigene Meinung zu haben - Freunde zu haben - zu lernen - auf Hilfe, wenn es Hilfe braucht - ...
   Anschließend können Sie das Plakat der Unicef zum Thema Kinderrechte zeigen.
   https://www.unicef.de/informieren/infothek/-/kinder-haben-rechte/27850

4. **Welche eurer Rechte werden nicht respektiert?**
   Wer respektiert wann eure Rechte nicht? Die Kinder erzählen von ihren Erfahrungen im Umgang mit Erwachsenen. *Gibt es da Unterschiede bei den Erwachsenen?*

5. **Wie können Kinder ihre Kinderrechte bei Erwachsenen durchsetzen?**
   Die Kinder machen Vorschläge. Vielleicht haben einige Kinder schon Erfahrungen gemacht und können davon berichten? Sie regen eine Diskussion über die verschiedenen Vorschläge an.

6. **Ein Verwarnungszeichen**
Denkt euch ein eigene Verwarnungskarte aus, so wie im Fußball die gelbe und rote Karte, die ihr Erwachsenen zeigen könnte, wenn sie eure Kinderrechte nicht beachten. Was soll darauf stehen. Zeichnet sie und erklärt uns dann was die Karte genau bedeutet und wir besprechen, ob das Zeichen auch klar verständlich ist.

7. **Abschlusskreis: Der Kuss**
Alle stehen im Kreis. Im Inneren des Kreises macht ein Kind seine Runde bis Sie „Stopp“ rufen. Das Kind vor dem der Spieler stehen geblieben ist, geht mit in die Mitte des Kreises. Beide stehen sich gegenüber. Die Kinder im Kreis zählen bis drei. Auf drei sollen die beiden Spieler mit dem Kopf anzeigen, in welche Richtung sie gehen wollen, entweder nach rechts oder nach links. Zeigen beide in dieselbe Richtung, geben sie sich einen Kuss. Haben sie in entgegengesetzte Richtung gezeigt, heben sie einen Arm und klatschen sich in die Hände. Die rechte Hand des einen Spielers klatscht in die linke Hand des anderen und umgekehrt. Dann macht der zweite Spieler seine Runde in der angezeigten Richtung und der erste gliedert sich in den Kreis ein. Und das Spiel geht wie oben beschrieben weiter.

8. **Symbol Lernwerkstatt**

29. Lernwerkstatt

Ich wünsche mir eine Schule...

Übersicht

1. Einleitungsspiel: Berühre die Farbe
2. Entspannungsspiel und geleitete Phantasie: Meine Wunschschule
3. die Wunschschule zeichnen
4. Vorschläge zur Änderung der eigenen Schule zu einer Wohlfühlschule
5. Symbol Lernwerkstatt

Ziel der Lernwerkstatt

- die Phantasie anregen
- eine proaktive Haltung fördern (d.h. initiatives Handeln im Gegensatz zu abwartendem reaktivem Handeln fördern)

Benötigtes Material für jedes Kind

- DIN A4 Blätter
- Bleistift
- Buntstifte

1. **Einleitungsspiel: Berühre die Farbe**
   Sie nennen eine Farbe und die Kinder suchen diese Farbe an den anderen Kindern und berühren dabei den Gegenstand in der Farbe.

2. **Entspannungsspiel und geleitete Phantasie: Meine Wunschschule**
   Vor dieser Übung erklären Sie den Kindern, dass sie während der gesamten Übung die Augen geschlossen halten müssen und dass es sich um eine Entspannungsübung und geleitete Phantasie handelt.
   Nachdem die Kinder sich alle in eine bequeme Position gesetzt haben, fangen Sie langsam an zu sprechen und machen an den entsprechenden Stellen Pausen, damit die Kinder Zeit für ihre Vorstellungen haben.

   a. **Entspannung**
      Atme gleichmäßig. Entspanne deine Arme und Beine, fühle wie sich dein Kopf entspannt, und dein Nacken, und finde langsam die bequemste Position für dich. Schließe deine Augen. Ich werde dich jetzt auf eine Phantasiereise mitnehmen. Nimm jetzt einige tiefe Atemzüge. In Ordnung. Deine Augen sind geschlossen und während ich rede, stellst du dir vor, dass du an einen wunderschönen Ort reist.....(Pause)

   b. **Geleitete Phantasiereise**
      Stell dir vor, du könntest eine Schule gründen, genau so wie du sie dir wünschst. Wie würde sie aussehen? Wie würde das Schulgebäude aussehen? (Pause) Wie würde dein Klassenzimmer aussehen? Welche Gegenstände gäbe es in deinem Klassenzimmer? (Pause) Wer unterrichtet dich? Wie sieht der Stundenplan aus? Wie lange dauert eine Stunde? (Pause) Was würdest du in deiner Wunschschule machen? (Pause) Wie sehen deine Pausen aus? Wie sieht der Schulhof aus? Was siehst du da? (Pause) Stelle dir alles vor, das du gerne in deiner Wunschschule hättest. (Pause) So, und wenn ihr alles seht, so wie ihr es euch wünscht, dann könnt ihr langsam wieder die Augen öffnen.

3. **die Wunschschule zeichnen**
   Nachdem ihr euch jetzt eure Wunschschule vorgestellt habt, habt ihr eine ganz genaue Vorstellung wie sie aussehen soll. Ich möchte jetzt, dass ihr eu

Erlebnis auf Papier übertragt. Es ist nicht wichtig wie ihr zeichnet, wichtig ist nur, dass es für euch eine Bedeutung hat.
Nach Fertigstellung ihrer Zeichnungen präsentieren die Kinder ihre Wunschschule den anderen und beschreiben worauf sie besonderen Wert legen.

4. **Vorschläge zur Änderung der eigenen Schule zu einer Wunschschule**
Was könntet ihr tun, um einige eurer Wünsche in eurer Schule wahr werden zu lassen? Was könntet ihr tun, damit ihr euch alle wohler fühlt? Die Kinder diskutieren alle Möglichkeiten und deren möglichen Umsetzung.

5. **Symbol Lernwerkstatt**

30. Lernwerkstatt

Ich kann mich frei äußern

Übersicht

1. Aufwärmspiel
2. Kommentar: Jeder hat das Recht seine Meinung frei zu äußern
3. Wann habt ihr Angst gehabt eure Meinung zu sagen?
4. Umfrage zur freien Meinungsäußerung an der Schule und Schlussfolgerungen daraus
5. Spiel: Hilf dem Marienkäfer
6. Symbol Lernwerkstatt

Ziel der Lernwerkstatt

- sie erkennen, dass Kinder ein Recht auf freie Meinungsäußerung haben
- sie lernen ihre Ängste zu bewältigen und sich frei, offen und ehrlich zu äußern

1. **Aufwärmspiel: Übertrage und ändere die Bewegung**
   Dieses Spiel ist so ähnlich wie das Spiel, das wir schon vor einigen Wochen gemacht haben. Damals haben wir ungewöhnliche Geräusche übertragen. Dieses Mal machen wir es mit ungewöhnlichen Bewegungen. Ich mache jetzt eine seltsame Bewegung und übergebe diese Bewegung an meinen Nachbarn und der übernimmt die Bewegung und fügt etwas Eigenes hinzu. Diese Bewegung wird dann auf das nächste Kind übertragen. Und das machen wir bis alle eine ungewöhnliche Bewegung weitergegeben haben.

2. **Kommentar: Jeder hat das Recht seine Meinung frei zu äußern**
   Sie informieren die Kinder darüber, dass sie ein Recht auf freie Meinungsäußerung haben und dass die Erwachsenen die Pflicht haben ihnen zuzuhören, wenn sie bei wichtigen Entscheidungen, die das Kind angehen, mitreden möchten und ihre Meinung dazu sagen möchten. (Konvention der Kinderrechte der UN Absatz 12)
   (1) Die Vertragsstaaten sichern dem Kind, das fähig ist, sich eine eigene Meinung zu bilden, das Recht zu, diese Meinung in allen das Kind berührenden Angelegenheiten frei zu äußern, und berücksichtigen die Meinung des Kindes angemessen und entsprechend seinem Alter und seiner Reife.

3. **Wann habt ihr Angst gehabt, eure Meinung zu sagen?**
   Die Kinder berichten darüber, wann und warum sie zu Hause oder in der Schule Angst hatten, ihre Meinung zu sagen. Sie diskutieren über die Erfahrungen, die sie gemacht haben.

4. **Umfrage zur freien Meinungsäußerung an der Schule und Schlussfolgerungen daraus**
   Sie teilen die Kinder in 5er Gruppen. Ein Kind ist der Reporter, die anderen sind die Befragten. Die Frage, die der Reporter stellt ist: Wann und warum können Kinder in der Schule ihre Meinung nicht frei äußern? Nach den Interviews stellen die Reporter ihre Ergebnisse in der Gesamtgruppe vor und die Ergebnisse werden diskutiert und Ideen gesucht, wie man Kindern helfen kann, wenn sie ihre Meinung frei äußern wollen.

5. **Spiel: Hilf dem Marienkäfer**
Sie halten einen ausgedachten Marienkäfer zwischen den Handflächen und geben ihn dem nächsten Kind weiter. *Mein Marienkäfer ist ein ganz kleines Tier und wir müssen beim Weiterreichen aufpassen, dass wir ihn nicht verletzen und dass er uns nicht wegfliegt.* Jeder reicht den Marienkäfer au eine andere Art weiter.

6. **Symbol Lernwerkstatt**

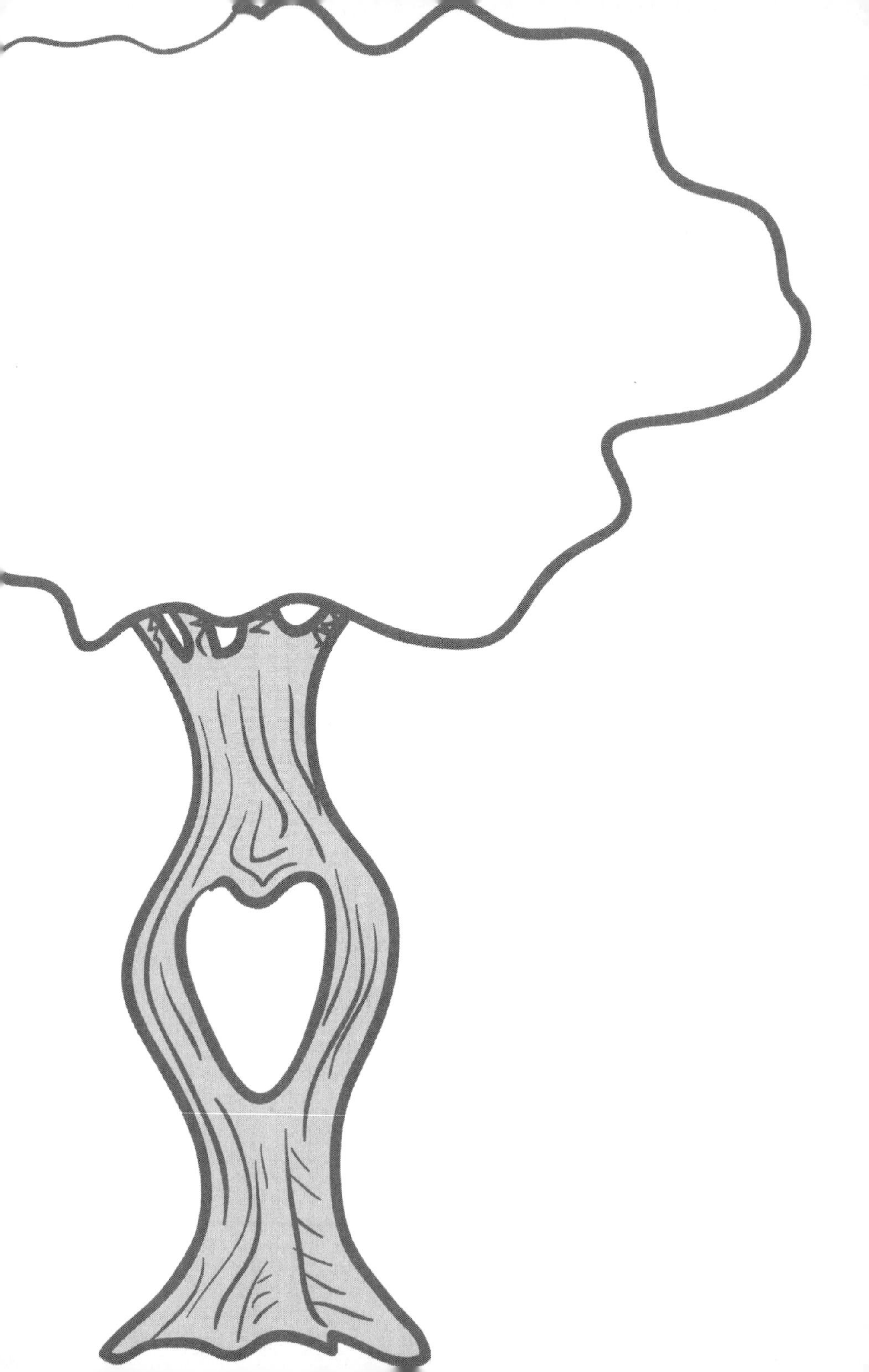

31. Lernwerkstatt

Evaluation

Übersicht

1. Evaluation der Lernwerkstätten: drei Fragen
2. Evaluation der Veränderungen in mir
3. Evaluation der Veränderungen untereinander

Benötigtes Material

- Pinnwand mit Symbolen jeder Lernwerkstatt

für jedes Kind

- DIN A4 Blätter
- Bleistift
- Buntstifte

1. **Evaluation der Lernwerkstätten**
   Nach jeder Lernwerkstatt haben die Kinder zusammen mit Ihnen ein Symbol für diese Lernwerkstatt erarbeitet und an eine Pinnwand gehängt. Nun schauen sich alle die Symbole an und beantworten folgende Fragen:

   a. Was war angenehm? Was war am angenehmsten? Warum?
   b. Was war nicht angenehm? Warum?
   c. Wir wählen die beliebteste Lernwerkstatt

2. **Evaluation der Veränderungen in mir**
   Sie lassen die Kinder zeichnen zum Thema: Ich – vor und nach den Lernwerkstätten.
   Jedes Kind zeichnet sich selbst. Hat sich etwas in ihnen verändert? Wie kann man das mit Hilfe von Farben, Formen, Linien und Symbolen darstellen?
   Wenn die Kinder mit ihren Bildern fertig sind, bitten Sie die Kinder jedem Bild einen Namen zu geben. *Ihr könnt jetzt ganz phantasievoll sein und seid ganz ehrlich. Wenn ihr glaubt, es habe sich nichts geändert hat, ist das genau so wichtig wie eine Veränderung.*

3. **Evaluation der Veränderungen untereinander**
   Hat sich in der ganzen Zeit der Lernwerkstätten etwas im Verhältnis untereinander geändert? Wenn ja, was?

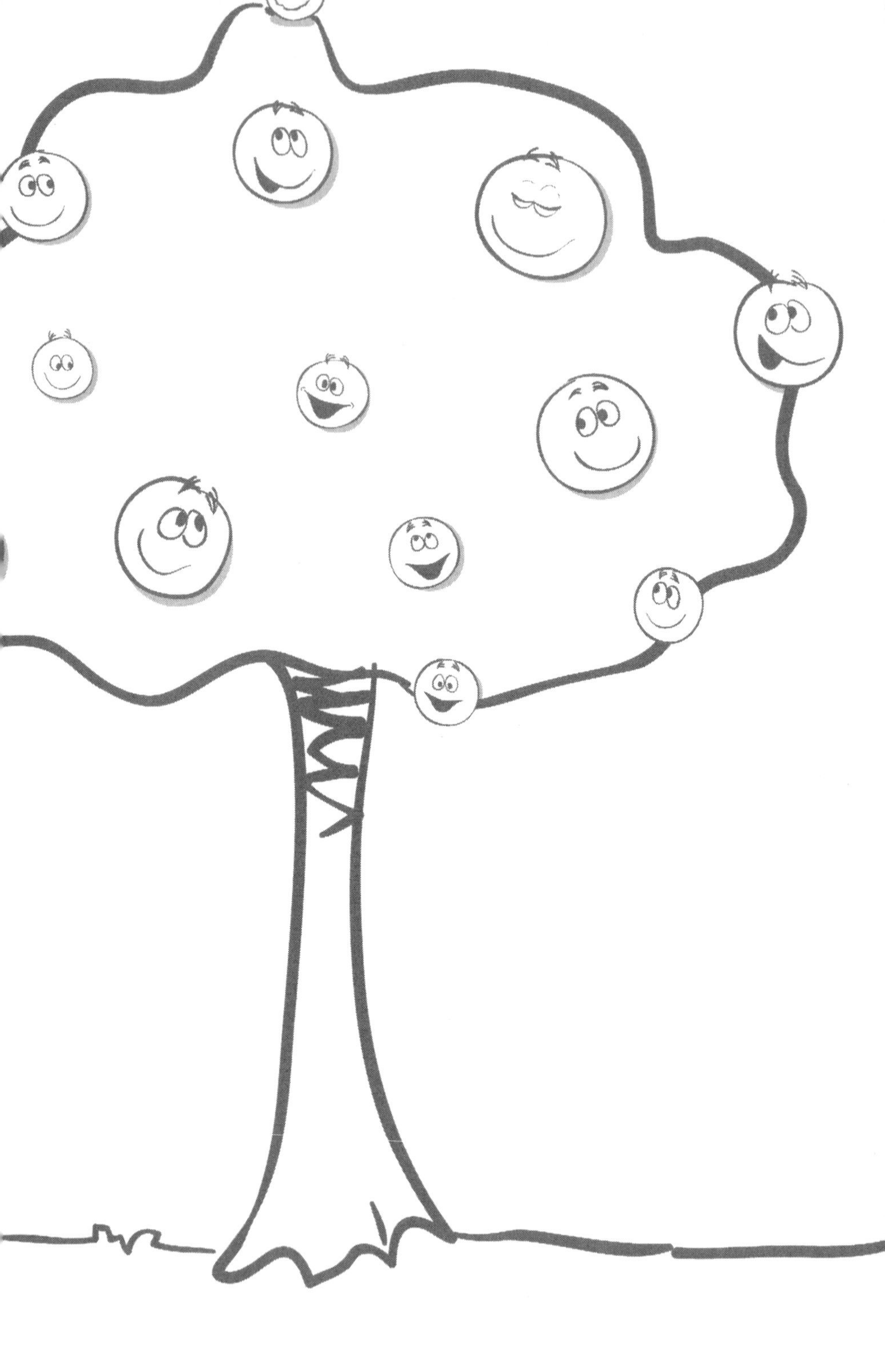

32. Lernwerkstatt

Wir präsentieren den Eltern die Ergebnisse

1. Sie und die Kinder bereiten die Präsentation aller Ergebnisse der Lernwerkstätten vor.
2. Am Elternabend:

   a. Rundgang durch Ausstellung
   b. Präsentation des gesamten Programms und der Ergebnisse der Evaluation der Lernwerkstatt 31
   c. Meinungsäußerungen der Eltern
   d. Die Kinder bringen den Eltern ihre Lieblingsspiele aus den Lernwerkstätten bei
   e. Austausch positiver Nachrichten
   Die Eltern schreiben auf, was sie an ihren Kindern mögen.
   Die Kinder schreiben auf, was sie an ihren Müttern und Vätern mögen.

   Sie tauschen die Botschaften aus und wer Lust hat, kann sich dazu äußern wie sie sich jetzt fühlen. Erzählen darf, wer möchte.

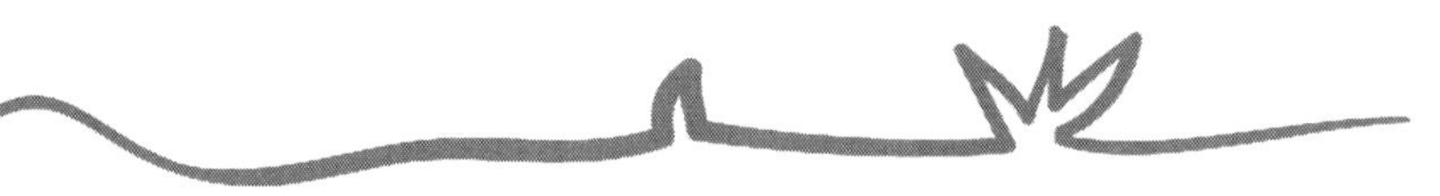

Auszug aus der Rezension

Das Programm ist konzeptuell sehr gut aufgebaut: aktive Teilnehmer sind Kinder und Erwachsene, die sich täglich mit diesen Kindern beschäftigen. Die aktive Teilnahme der Kinder an gut durchdachten Aktivitäten ermöglicht die unmittelbare Veränderung der Lebenssituation dieser Kinder. Aus psychologischer Sicht besteht das Programm aus miteinander verknüpften und durchdachten Lernwerkstätten, an denen Kinder aktiv teilnehmen. Aus theoretischer Sicht hebt auch die Autorin hervor, dass es sich um die interaktionistische Theorie der psychischen Entwicklung handelt (diese Theorie besagt, dass der konstruktive Grundsatz der psychologischen Entwicklung der Kinder in der sozialen Interaktion liegt).

Das Programm der Lernwerkstätten ist eine gut integrierte Einheit von Entspannungstechniken, Techniken der Selbstexpression und der Selbstkontrolle (sie gründen auf der Theorie des Biofeedbacks und anderer modernen Psychotherapien), und der Technik des interaktiven Wirkens (abgeleitet aus den Theorien der sozialen Interaktion und der Socialfeedback Theorie). Den Grundstock des Programms bilden originelle interaktive Lernwerkstätten. Der Grundinhalt und der Grundwert des Programms liegen in der Originalität der Lernwerkstätten (die auf den Theorien des Biofeedbacks und der sozialen Interaktion beruhen). Auch die Reihenfolge der Lernwerkstätten wurde sogfältig geplant. Das Kind steht im Mittelpunkt, im Mittelpunkt der durchdachten Aktivitäten.

Auf diese Weise wird folgendes erzielt:

a. In einer körperlich und emotionalen entspannten Atmosphäre, kann das Kind „seine Seele offenbaren“ , d.h. seine inneren Erlebnisse externalisieren.

b. In dem Akt der Externalisierung (in Form von verbalen Aussagen, Zeichnungen, Rollenspielen u.ä.) wird das Phänomen der Katharsis und des einfachen Feedbacks, d.h. der Selbsteinsicht ermöglicht.

c. Externalisierung der individuellen Erlebnisse ermöglicht die Einsicht, dass auch andere Ähnliches erleben (z.B. Angst, Wut etc.), dass es

Ähnlichkeiten und Unterschiede unter den Mitgliedern der sozialen Gruppe gibt.

d. Kinder werden ermutigt das Erlebte in Worte zu fassen, die eigenen wie auch die Erlebnisse der anderen, und somit die Selbsterkenntnis zu erzielen (die explizite Erkenntnis dessen, was dem Kind widerfährt).

e. In interaktiven Lernwerkstätten (z.B. zu den Ursachen der Missverständnisse, den sozialen Konflikten, der nonverbalen Kommunikation u.s.w.) wird ein soziales Feedback erzielt, d.h. Reaktionen anderer auf die eigenen Verhaltensweisen und Erlebnisse empfangen. Es wird nach gemeinsamen Lösungen für gemeinsame Probleme gesucht, wobei das eigene Ich im Verhältnis zu anderen erkannt wird.
Es werden psychologische Fertigkeiten (Techniken) der Lösung von interpersonellen Problemen erworben. Dies führt zu gemeinsamen Konstruktionen.

f. Die diskrete, aber sehr wichtige Rolle des erwachsenen Moderators sichert die Betrachtung des ganzen Prozesses der Abwicklung der Lernwerkstätten ab, womit der Erwachsene nicht eliminiert sondern in seiner produktivsten Rolle eingesetzt wird (als diskreter Organisator der Situationen, als persönlicher Partner, als jemand, der dank seiner Kompetenzen die erfolgreiche Überwachung sichert).

Kurz gefasst stellt ein solches System von Lernwerkstätten das Kind in eine aktive Rolle, als jemanden, der in Form von erlebten Erfahrungen Kenntnisse, Techniken und Kompetenzen erwirbt, die es ihm ermöglichen sich mit schwierigen Lebenssituationen und eigenen Problemen der Erkenntnis auseinanderzusetzen. Ein solches aktives Bildungssystem ist für gefährdete Kinder aus Kriegsgebieten besonders geeignet (Flüchtlinge, Verlust einer nahestehenden Person, intensive Angstzustände, Kinder mit posttraumatischem Stresssyndrom). Dieses Programm ist aber auch für Kinder, die allgemein unter Stresszuständen leiden müssen, geeignet (Krieg, Destruktion, Notlage). Ein solches Programm ist aber auch für weniger dramatische Zustände innovativ, ein Beitrag zu den neuen Erziehungs- und Bildungsmethoden, gerade wegen der aktiven Rolle des Kindes, die unser Bildungssystem nicht ermöglicht.
Damit das Programm positive und erwartete Ergebnisse erzielen kann, sind meiner Meinung nach folgende Voraussetzungen zu erfüllen:

a. Die Moderatoren in Form von Lernwerkstätten ausbilden.
b. Die optimale Kinderzahl in der Gruppe festlegen.
c. Die verbalen Konstrukte und Anweisungen der Altersstufe anpassen.
d. Die Realisation der Lernwerkstätten den Bedürfnissen jeder einzelnen Gruppe anpassen.
e. Die Effekte des Programms evaluieren (Bemerken die Erwachsenen Veränderungen an den teilnehmenden Kindern? Wie bewerten die Kinder das Programm und seinen Nutzen? Wenden die Kinder die erworbenen Kenntnisse und Fertigkeiten an?)

Ein solches Programm und seine verbreitete Anwendung verdienen jegliche Unterstützung, weil es eine Innovation auf dem Gebiet der Arbeit mit kriegsgefährdeten und allen anderen Kindern darstellt und positive Effekte real zu erwarten sind.

Prof. Dr. Ivan Ivić
Ordentlicher Professor für Entwicklungspsychologie
an der Philosophischen Fakultät in Belgrad

Belgrad, den 15. Juli 1993

Nada Ignjatović-Savić - Kurzer Lebenslauf

Geboren im April 1947 in Serbien, hat Nada 31 Jahre als Lehrbeauftragte und Forscherin auf dem Gebiet der Entwicklungspsychologie an der Universität Belgrad gearbeitet. Sie war Leiterin vieler Forschungs- und Förderprojekte, veröffentlichte einige Bücher und Programme auf dem Gebiet der persönlichen Entwicklung, Kommunikation, Sozialer Interaktion und Bildung.

Sie war Mitbegründerin und aktuelle Leiterin des Zentrums für Gewaltfreie Kommunikation „Hüter des Lächelns", einer nichtstaatlichen Organisation, die sich in erster Linie mit der Entwicklung des Menschen, des Selbst- und Fremderkenntnis, der Entwicklung der Bildungspraxis und der Veränderungen in der Gesellschaft beschäftigt.

Von 1993 bis 2001 war sie Leiterin einiger Förderprojekte, gefördert vom UNICEF, der EU, Norwegian People Aid und Save the Children Trust. Sie entwickelte verschiedene Bildungsprogramme zur Förderung von Frieden und Heilung von seelischen Kriegswunden mit vielen Gruppen des ehemaligen Jugoslawiens. Zwischen 2000 und 2002 war sie Mitglied und Trainerin zweier internationaler Friedensprojekte – "Olympic games for children" in Delphi und Olympia, Griechenland (mit Kindern und Fachkräften aus 10 Ländern) und "The day after" in Rom und Jerusalem: Friedens- und Versöhnungsarbeit mit israelischen und palestinensischen Religionsführern, Geschäftsleuten, Universitätsangestellten und Mitarbeitern der Medien.

Seit 1993 bis zu ihrem Tod im Juli 2011 war sie international anerkannte Trainerin in Gewaltfreier Kommunikation (CNVC, Zertifikat Marshall Rosenberg), sie war Marshall Rosenbergs Co-Trainerin an vielen zehntägigen internationalen Intensivseminaren. Sie selbst bot oft Fortbildungsseminare in Gewaltfreier Kommunikation in Europa, Israel und Indien an.

In Pilion, Griechenland leitete sie 2003 ein Seminar in Gewaltfreier Kommunikation für das Projektteam Human rights and conflict management, organisiert seitens des Europäischen Frauennetzwerks, unterstützt durch die EU und das griechische Generalsekretariat für Jugendliche.

Sie war Koordinatorin des Earth Stewards Networks in Serbien, eines internationalen Netzwerks von Menschen, die sich dem Frieden, der globalen Kommunikation, der Schlichtung von Konflikten und der bürgerlichen Diplomatie gewidmet haben. Das Netzwerk wurde 1979 gegründet. Seit 1996 war sie akkreditierte EP Vermittlerin (Essential Peacemaking/Women&Men). Zusammen mit Chris Gardner führte sie EP-Trainig mit vielen Frauen- und Männergruppen aus verschiedenen Ländern Ex-Jugoslawiens und Europa durch.

Von 2001 bis 2004 arbeitete sie im Auftrag des Bildungsministeriums in Serbien, sie war Mitglied des Entwicklungsteams für Demokratie im Bildungswesen und der Schulreform und war Autorin mehrerer Lehrpläne für die Erziehung im demokratischen Verhalten und in Gewaltfreier Kommunikation.

Nada Ignjatović-Savić starb im Juli 2011 in Belgrad

Kontakt-Information

Bei Fragen wenden Sie sich an:
Petra Reuter
E-Mail: smile-keepers@gmx.de

Veröffentlichungen

- Ignjatović-Savić N., Kovac-Cerovic T., Plut D., Pesikan A.: Social Interaction and its developmental effects in Valsiner J. (Ed): „Child Development within culturally structured environments“, Ablex, 1988, 89-159.

- Ignjatović-Savić N. Le developpement de la cognition sociale chez les enfants prescolaires: une approche interactive, in „Quelles recherches, quelles demarches pour que tous les enfants developpent leurs potentialites?“, CRESAS-INRP, Paris, 1992

- Ignjatović-Savić N. Expecting the unexpected; A view on child development from war affected social context, in Psihologija, Journal of the Serbian Psychological Association, Vol.XXVIII, Special Issue 1995

Handbücher und Programme

- "Smile **Keepers**"(two training programs for psychologists and teachers aiming to develop their personal and professional competence); 1993

- 3 manuals **Smile keepers I,II, and III** -with programs for children aged 5-10, 11-15, and 15-18, published by the Institute of Psychology in Belgrade, 1994

- „Mutual **education**“, training program in nonviolent communication for professionals working with children, 1995

- Co-author of the three manuals for teachers **„Words are windows or they are walls 1, 2 and 3“** offering nonviolent communication programs for children aged 5-10, 11-14, 15-18.Published by Institute of psychology, 1996. The manuals are translated to German ("Worte sind Fenster oder sie sind Mauern"), English, Polish, Danish and Italian, and used in many kindergartens and schools in Europe.

- **"Civic education 1 and 2 and 3"**- programs of civic education for the first, second and third grade of elementary school, published by the Ministry of education of Serbia, 2002-4

In mir und um mich herum

Ich-Grenzen dreidimensional visualisieren

Klaus Blaser

Jedermann weiß, dass alle Menschen eine eigene psychische Ich-Grenze besitzen. Nur wenige jedoch haben ein bewusstes Bild ihrer mentalen Abgrenzung zur Umwelt.

Klaus Blaser gelingt es einfühlend und präzise, mit seiner dreidimensionalen Visualisierungsmethode das unbewusste Bild der Innenweltumzäunung darzustellen. In diesem Werk bekommt der Leser ein neues Verständnis für die zwischenmenschlichen Grenzdynamiken. Mit den Grenzbildern entsteht eine ganz neue Sprache, mit der wir die eigene Ich-Grenze beschreiben können, uns in der Zweierbeziehung besser mitteilen können und in der Zusammenarbeit mit Patienten und Klienten die bisher unsichtbare Grenze sichtbar machen können.

2014, 192 S., m. Abb., kart. ***15,90 €***